Vier Rechenarten

1 Welche Rechenzeichen passen?

a) 6 (–) 3 = 3
6 ◯ 3 = 9
6 ◯ 3 = 2
6 ◯ 3 = 18

b) 60 ◯ 30 = 30
60 ◯ 30 = 90
60 ◯ 30 = 2
6 ◯ 30 = 180

c) 150 ◯ 50 = 200
150 ◯ 50 = 100
150 ◯ 50 = 3
5 ◯ 50 = 250

d) 35 ◯ 7 = 5
35 ◯ 7 = 28
35 ◯ 7 = 42
5 ◯ 7 = 35

e) 320 ◯ 80 = 400
320 ◯ 80 = 240
320 ◯ 80 = 4
4 ◯ 80 = 320

f) 100 ◯ 50 = 150
100 ◯ 50 = 50
100 ◯ 50 = 2
10 ◯ 50 = 500

2

a) 9 + 3 = ____
9 – 3 = ____
9 · 3 = ____
9 : 3 = ____

b) 8 – 4 = ____
8 + 4 = ____
8 : 4 = ____
8 · 4 = ____

c) 10 : 5 = ____
10 · 5 = ____
10 – 5 = ____
10 + 5 = ____

d) 8 + 2 = ____
8 – 2 = ____
8 · 2 = ____
8 : 2 = ____

3

a) 90 : 3 = 30
90 · 3 = ____
90 – 3 = ____
90 + 3 = ____

b) 90 : 30 = ____
90 – 30 = ____
90 + 30 = ____
9 · 30 = ____

c) 80 · 4 = ____
80 : 4 = ____
80 + 4 = ____
80 – 4 = ____

d) 80 : 40 = ____
80 + 40 = ____
80 – 40 = ____
8 · 40 = ____

4

a) 280 : 7 = ____
280 – 7 = ____
280 + 7 = ____

b) 180 : 60 = ____
180 + 60 = ____
180 – 60 = ____

c) 350 + 50 = ____
350 – 50 = ____
350 : 50 = ____

d) 420 – 60 = ____
420 : 60 = ____
420 + 60 = ____

e) 180 – 9 = ____
180 : 9 = ____
180 + 9 = ____

f) 240 + 80 = ____
240 – 80 = ____
240 : 80 = ____

g) 100 : 10 = ____
100 + 10 = ____
100 – 10 = ____

h) 490 + 70 = ____
490 : 70 = ____
490 – 70 = ____

5

a)

:	9	3	90	30
90	10			
270				

270 : 9

b)

:	4	8	40	80
160				
320				

c)

:	3	6	30	60
180				
300				

Die vier Grundrechenarten im Zusammenhang mit den gleichen Zahlen üben.
3 und **4** Ergebnisse mit den Kontrollzahlen vergleichen. Passende Kontrollzahlen durchstreichen.

Schriftlich addieren

1

	a)	b)	c)	d)	e)	f)
	372	450	253	821	473	502
+	212	129	43	75	405	164
	4					

2 Denke an den Übertrag.

	a)	b)	c)	d)	e)	f)
	372	372	372	450	450	450
+	242	252	272	159	179	93
	1					
	14					

	g)	h)	i)	j)	k)	l)
	253	253	253	821	821	821
+	37	39	96	85	69	95

3 Denke an die Überträge.

	a)	b)	c)	d)	e)	f)
	473	473	473	522	522	522
+	127	128	139	278	279	289

	g)	h)	i)	j)	k)	l)
	358	358	358	146	146	146
+	352	353	365	284	286	279

4 Schreibe untereinander. Addiere.

a) 408 + 171 b) 408 + 71 c) 408 + 82 d) 408 + 435 e) 448 + 336

	a)	b)	c)	d)	e)
	408	408			
+	171				

f) 235 + 472 g) 35 + 472 h) 85 + 472 i) 109 + 472

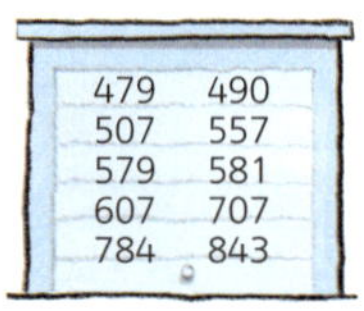

Kommazahlen schriftlich addieren

1

a)

	1	2,	4	0	€
+		4,	5	5	€
		,	9	5	€

b)

	3	0,	2	5	€
+	1	9,	4	2	€
					€

c)

		1,	7	5	€
+	7	8,	1	2	€
					€

d)

		6,	4	2	€
+	8	3,	3	5	€
					€

Vergiss das Komma nicht!

e)

		0,	8	2	€
+	4	5,	2	5	€
					€

f)

	6	2,	0	7	€
+		0,	5	8	€
					€

g)

		3,	6	6	€
+	2	6,	4	2	€
					€

h)

	5	9,	4	2	€
+		0,	6	8	€
					€

2 Schreibe untereinander. Addiere.

a) 21,50 € + 3,40 €

	2	1,	5	0	€
+		3,			€
		,			€

Komma unter Komma!

b) 51,06 € + 7,32 €

	5	1,	0	6	€
+					

c) 10,34 € + 8,60 €

	1	0,	3	4	€
+					

d) 5,61 € + 23,07 €

		5,	6	1	€
+	2	3,			€

e) 4,20 € + 10,15 €

		4,	2	0	€
+					

f) 9,16 € + 30,75 €

		9,	1	6	€
+					

g) 74,35 € + 0,72 €

h) 4,58 € + 28,31 €

i) 96,15 € + 3,80 €

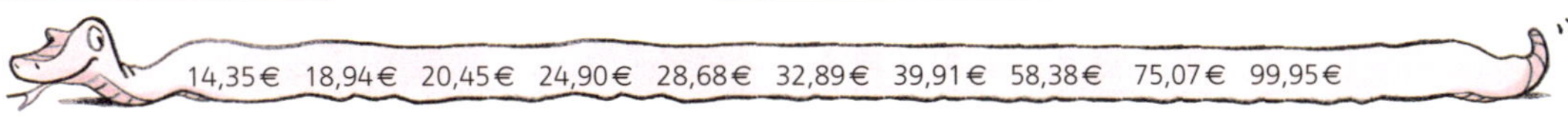

3 a) Oma kauft ein Radio für 75,99 € und ein Buch für 8,10 €. Wie viel muss sie bezahlen?

Rechnung:

Antwort: ______________________

____

b) Opa kauft Socken für 9,89 € und eine Hose für 82,00 €. Wie viel kostet es zusammen?

Rechnung:

Antwort: ______________________

____

1 a) bis d) ohne Übertrag.

Schriftlich subtrahieren

1

479	444	752	837	359	871
− 202	− 234	− 31	− 104	− 45	− 751
7					

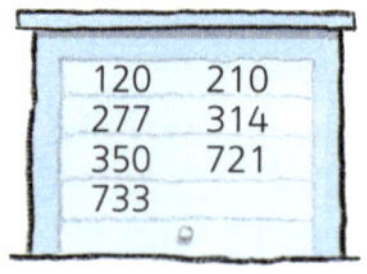

2 a)

−9	
11	2
12	
14	
15	
17	
18	
13	
16	

b)

715	682	856	274	885
− 293	− 319	− 190	− 109	− 93
22				

c)

548	965	423	704	578
− 529	− 492	− 119	− 90	− 169

3 a)

−7	
10	
11	
13	
14	
12	
15	
16	
17	

b)

581	938	864	608	407
− 537	− 570	− 827	− 72	− 57

c)

329	864	435	603	419
− 178	− 270	− 107	− 213	− 74

4 a)

−8	
10	
11	
13	
12	
14	
16	
15	
17	

b)

927	711	594	307	958
− 384	− 280	− 488	− 82	− 208

c)

325	974	756	436	992
− 108	− 84	− 28	− 185	− 108

1 Ohne Übertrag. 2 bis 4 Jeweils ein Übertrag.

Schriftlich subtrahieren

1 a)

	−6 →
10	
11	
13	
15	
12	
14	
16	
9	

b)

718	982	835	524	457
− 263	− 406	− 761	− 106	− 63

c)

803	746	919	523	845
− 760	− 716	− 666	− 126	− 367

2 a)

	−5 →
10	
11	
13	
12	
14	
15	
9	
8	

b)

824	409	230	362	811
− 305	− 152	− 47	− 315	− 59

c)

730	730	615	241	910
− 656	− 248	− 185	− 57	− 445

3

384	702	613	400	516	850
− 199	− 355	− 46	− 344	− 89	− 772

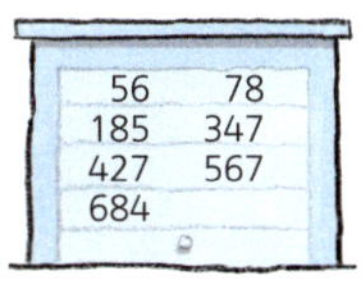

4 a) Herr Ott hat 215 €.
Er kauft für 189 € ein.
Wie viel Geld behält er übrig?

Rechnung:

Antwort: ______________________

____

b) Frau Boll hat 332 € mitgenommen.
Sie kauft für 288 € ein.
Wie viel Geld behält sie übrig?

Rechnung:

Antwort: ______________________

____

1 und **2** Ein oder zwei Überträge. **3** und **4** Jeweils zwei Überträge.

Multiplizieren

Einmaleins und Zehnereinmaleins

1 a) 3 · 2 = ___
3 · 20 = ___

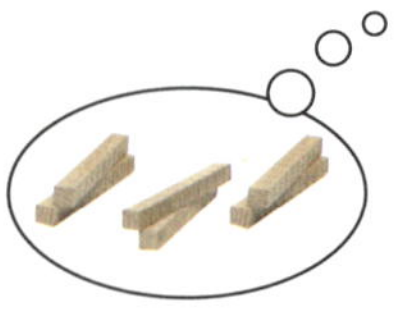

5 · 2 = ___
5 · 20 = ___

7 · 2 = ___
7 · 20 = ___

b) 5 · 3 = ___
5 · 30 = ___

7 · 3 = ___
7 · 30 = ___

9 · 3 = ___
9 · 30 = ___

c) 4 · 4 = ___
4 · 40 = ___

6 · 4 = ___
6 · 40 = ___

8 · 4 = ___
8 · 40 = ___

d) 4 · 5 = ___
4 · 50 = ___

5 · 5 = ___
5 · 50 = ___

7 · 5 = ___
7 · 50 = ___

2 a)

·	2	20	3	30	4	40	5	50
2	4							
3								
6								
7								

b)

·	2	20	3	30	4	40	5	50
4								
5								
8								
9								

3 a) ___ · 2 = 6
___ · 20 = 60

___ · 3 = 12
___ · 30 = 120

___ · 3 = 21
___ · 30 = 210

b) ___ · 4 = 16
___ · 40 = 160

___ · 2 = 18
___ · 20 = 180

___ · 5 = 20
___ · 50 = 200

c) ___ · 4 = 20
___ · 40 = 200

___ · 3 = 27
___ · 30 = 270

___ · 3 = 24
___ · 30 = 240

d) ___ · 5 = 30
___ · 50 = 300

___ · 4 = 32
___ · 40 = 320

___ · 5 = 45
___ · 50 = 450

4 Rechne und male an.

blau	grün	gelb
120	50	210
160	90	250
180	280	270
200	300	320
240	360	350
		400

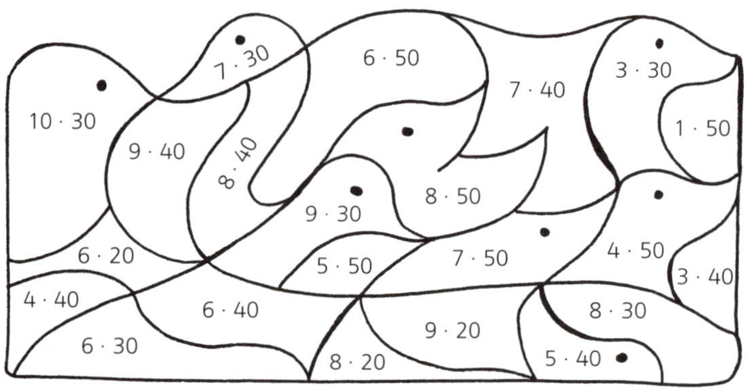

Die Aufgaben der Einmaleinsreihen 2 bis 5 und der dazugehörigen Zehnereinmaleinsreihen automatisieren.
4 Einige Ergebnisse kommen mehrmals vor.

1

a) 2 · 6 = ____
2 · 60 = ____

4 · 6 = ____
4 · 60 = ____

5 · 6 = ____
5 · 60 = ____

b) 2 · 7 = ____
2 · 70 = ____

4 · 7 = ____
4 · 70 = ____

5 · 7 = ____
5 · 70 = ____

c) 3 · 8 = ____
3 · 80 = ____

4 · 8 = ____
4 · 80 = ____

6 · 8 = ____
6 · 80 = ____

d) 3 · 9 = ____
3 · 90 = ____

4 · 9 = ____
4 · 90 = ____

6 · 9 = ____
6 · 90 = ____

2 a)

·	6	60	7	70	8	80	9	90	10	100
2										
3										
6										
7										

b)

·	6	60	7	70	8	80	9	90	10	100
4										
5										
8										
9										

3

a) ____ · 6 = 42
____ · 60 = 420

____ · 8 = 24
____ · 80 = 240

____ · 9 = 27
____ · 90 = 270

b) ____ · 7 = 21
____ · 70 = 210

____ · 6 = 30
____ · 60 = 300

____ · 8 = 40
____ · 80 = 400

c) ____ · 9 = 45
____ · 90 = 450

____ · 6 = 36
____ · 60 = 360

____ · 7 = 49
____ · 70 = 490

d) ____ · 8 = 32
____ · 80 = 320

____ · 7 = 63
____ · 70 = 630

____ · 9 = 81
____ · 90 = 810

4 Rechne und male an.

300
320
360
560
640
810

270
400
420
480
630
720

240
450
490

540

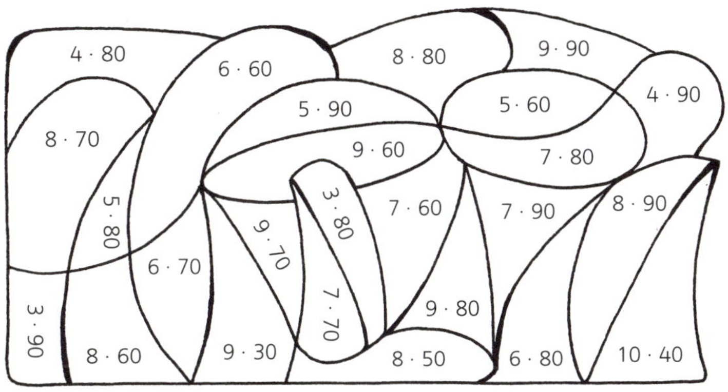

Die Einmaleinsreihen 6 bis 9 und die zugehörigen Zehnereinmaleinsreihen.
4 Einige Ergebnisse kommen mehrmals vor.

Dividieren durch Einer- und Zehnerzahlen

1

a)
8 : 2 = ___
80 : 2 = ___

12 : 2 = ___
120 : 2 = ___

18 : 2 = ___
180 : 2 = ___

b)
9 : 3 = ___
90 : 3 = ___

18 : 3 = ___
180 : 3 = ___

27 : 3 = ___
270 : 3 = ___

c)
12 : 3 = ___
120 : 3 = ___

21 : 3 = ___
210 : 3 = ___

30 : 3 = ___
300 : 3 = ___

d)
24 : 8 = ___
240 : 8 = ___

40 : 8 = ___
400 : 8 = ___

64 : 8 = ___
640 : 8 = ___

2

200 : 40 = 5
5 · 40 = 200

a)

: 4	
20	
16	
24	
12	
28	
36	

b)

: 40	
200	5
160	
120	
280	
240	
360	

c)

: 6	
12	
24	
30	
18	
42	
54	

d)

: 60	
120	
420	
300	
180	
240	
540	

e)

: 7	
14	
35	
28	
42	
56	
21	

f)

: 70	
140	
420	
350	
630	
280	
210	

g)

: 5	
15	
35	
45	
20	
25	
30	

h)

: 50	
150	
450	
500	
200	
250	
350	

3

a)
32 : 8 = ___
320 : 80 = ___
320 : 8 = ___

b)
56 : 8 = ___
560 : 8 = ___
560 : 80 = ___

c)
36 : 4 = ___
360 : 40 = ___
360 : 4 = ___

d)
32 : 4 = ___
320 : 40 = ___
320 : 4 = ___

e)
45 : 5 = ___
450 : 5 = ___
450 : 50 = ___

f)
20 : 5 = ___
200 : 5 = ___
200 : 50 = ___

g)
48 : 6 = ___
480 : 6 = ___
480 : 60 = ___

h)
30 : 6 = ___
300 : 6 = ___
300 : 60 = ___

i)
54 : 9 = ___
540 : 90 = ___
540 : 9 = ___

j)
36 : 9 = ___
360 : 90 = ___
360 : 9 = ___

k)
49 : 7 = ___
490 : 70 = ___
490 : 7 = ___

l)
35 : 7 = ___
350 : 70 = ___
350 : 7 = ___

Dividieren ist als Umkehrung des Multiplizierens leicht zu verstehen.

1 a)

60 : 30 = 2

2 · 30 = 60

:	3	30	2	20
60		2		
120				
180				

b)

:	4	40	8	80
160				
80				
240				
320				

c)

:	6	60	3	30
120				
300				
240				

d)

:	6	60	9	90
360				
180				
540				

2 a) 34 : 7 = 4 R 6
35 : 7 = ____
36 : 7 = ____

b) 56 : 7 = ____
57 : 7 = ____
58 : 7 = ____

c) 42 : 7 = ____
43 : 7 = ____
44 : 7 = ____

d) 56 : 8 = ____
58 : 8 = ____
60 : 8 = ____

e) 64 : 8 = ____
66 : 8 = ____
68 : 8 = ____

f) 40 : 8 = ____
42 : 8 = ____
43 : 8 = ____

g) 72 : 9 = ____
73 : 9 = ____
75 : 9 = ____

h) 46 : 9 = ____
45 : 9 = ____
44 : 9 = ____

i) 18 : 9 = ____
20 : 9 = ____
22 : 9 = ____

3 a) 9 : 3 = ____
11 : 3 = ____
8 : 3 = ____

b) 30 : 4 = ____
29 : 4 = ____
28 : 4 = ____

c) 30 : 5 = ____
29 : 5 = ____
28 : 5 = ____

d) 22 : 5 = ____
20 : 5 = ____
43 : 5 = ____

e) 30 : 6 = ____
29 : 6 = ____
28 : 6 = ____

f) 30 : 8 = ____
29 : 8 = ____
24 : 8 = ____

g) 35 : 7 = ____
37 : 7 = ____
11 : 7 = ____

h) 40 : 9 = ____
38 : 9 = ____
36 : 9 = ____

i) 20 : 4 = ____
18 : 4 = ____
16 : 4 = ____

j) 23 : 4 = ____
21 : 4 = ____
20 : 4 = ____

k) 17 : 3 = ____
18 : 3 = ____
19 : 3 = ____

l) 50 : 6 = ____
52 : 6 = ____
54 : 6 = ____

Rechenarten verbinden

1 Volle Schachteln und einzelne Stifte.

a) 

2 · 5 + 3 = 10 + 3 = ______

b) 

3 · 5 + 2 = ______

c) 

4 · ______

d) 

______

e) 

______

f) 

______

g) 

______

h) 

______

i) 

______

2 a)

+	2	5	6	10
2 · 6	14			
4 · 5				
5 · 8				

b)

+	3	2	4	7
5 · 6				
7 · 8				
6 · 7				

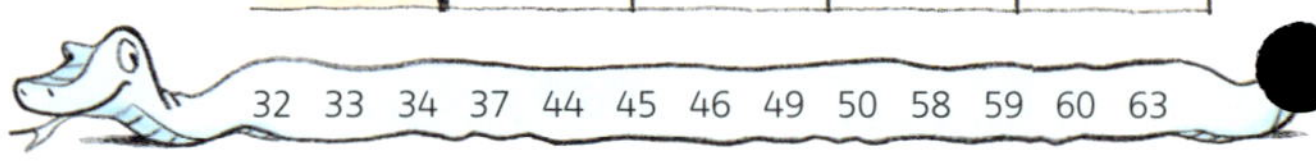

3 a)
7 · 5 + 2 = ______
9 · 5 + 4 = ______
6 · 5 + 3 = ______
10 · 5 + 9 = ______

b)
8 · 7 + 4 = ______
5 · 7 + 5 = ______
6 · 7 + 8 = ______
9 · 7 + 9 = ______

c)
6 · 8 + 1 = ______
9 · 8 + 3 = ______
7 · 8 + 4 = ______
10 · 8 + 7 = ______

d)
9 · 6 + 1 = ______
7 · 6 + 3 = ______
4 · 6 + 5 = ______
10 · 6 + 8 = ______

e)
3 · 9 + 2 = ______
6 · 9 + 1 = ______
8 · 9 + 8 = ______
9 · 9 + 7 = ______

f)
9 · 4 + 3 = ______
7 · 4 + 5 = ______
8 · 4 + 6 = ______
9 · 4 + 8 = ______

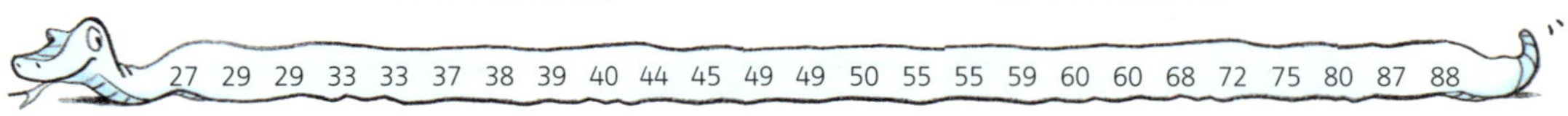

1 Evtl. „kurz" rechnen. Erst multiplizieren, dann addieren. Evtl. Zwischenergebnisse notieren.

1 a)

–	2	4	3	6
2 · 6	10			
8 · 6				
9 · 6				

6 7 8 9 10 42 44 45 46 48 50 51 52

b)

–	3	1	5	7
4 · 7				
8 · 7				
5 · 7				

20 21 23 25 27 28 30 32 34 49 51 53 55

c)

–	0	3	5	8
3 · 9				
5 · 9				
7 · 9				

17 19 22 24 27 37 40 42 45 55 58 60 63

d)

–	2	5	6	9
2 · 8				
5 · 8				
9 · 8				

7 9 10 11 14 31 34 35 38 63 66 67 70

2 a) 2 · 5 – 4 = ______
4 · 5 – 4 = ______
7 · 5 – 4 = ______
8 · 5 – 4 = ______
9 · 5 – 4 = ______

b) 9 · 4 – 5 = ______
7 · 4 – 5 = ______
6 · 4 – 5 = ______
5 · 4 – 5 = ______
3 · 4 – 5 = ______

c) 2 · 9 – 6 = ______
4 · 9 – 6 = ______
6 · 9 – 6 = ______
8 · 9 – 6 = ______
9 · 9 – 6 = ______

d) 7 · 8 – 6 = ______
6 · 8 – 3 = ______
4 · 8 – 2 = ______
8 · 8 – 1 = ______
9 · 8 – 3 = ______

e) 7 · 7 – 4 = ______
9 · 7 – 3 = ______
3 · 7 – 2 = ______
6 · 7 – 4 = ______
8 · 7 – 6 = ______

f) 7 · 6 – 3 = ______
5 · 6 – 9 = ______
6 · 6 – 3 = ______
4 · 6 – 2 = ______
8 · 6 – 5 = ______

6 7 9 12 15 16 19 19 21 22 23 30 30 31 31 33 36 38 39 41 43 45 45 48 50 50 60 63 66 69 75

3 Setze fort.

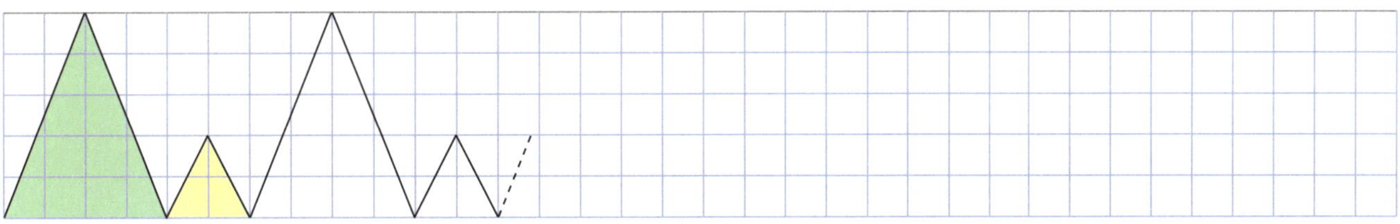

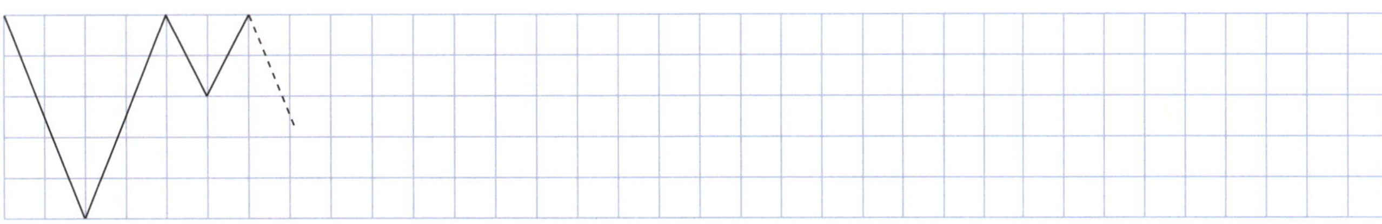

Halbschriftlich multiplizieren

1

2 · 24

2	·	2	0	=			
2	·		4	=			
2	·	2	4	=			

Wie viele Stunden sind sie schon ohne Strom?

Antwort: ____________________

____

2 a) 4 · 21

4	·	2	0	=		
4	·		1	=		
4	·	2	1	=		

b) 3 · 22

3	·			=		
3	·			=		
				=		

c) 2 · 32

2	·			=		
				=		
				=		

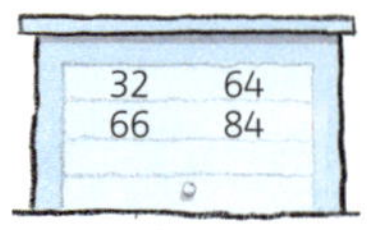

3 a)
3 · 4 = ____
5 · 4 = ____
4 · 5 = ____
6 · 5 = ____

4 · 6 = ____
3 · 7 = ____
4 · 7 = ____
7 · 4 = ____

b) 7 · 14

7	·	1	0	=		
7	·					

3 · 43

3	·	4	0	=			
3	·		3	=			

6 · 51

6	·	5	0	=			
6	·		1	=			

c) 3 · 17

3	·					

4 · 61

4 · 52

4 a)
4 · 3 = ____
3 · 3 = ____
5 · 5 = ____
3 · 6 = ____
3 · 9 = ____

2 · 4 = ____
2 · 7 = ____
4 · 7 = ____
7 · 9 = ____
3 · 8 = ____

b) 4 · 23 3 · 83 4 · 72

c) 2 · 47 3 · 92 2 · 27

d) 3 · 26 5 · 51 7 · 19

2 Ohne Zehnerüberschreitung. **3** und **4** Jeweils eine Zehnerüberschreitung. a) Die vorangestellten Aufgaben stellen die jeweils in b), c) und d) benötigten Einmaleinsergebnisse sicher.

Halbschriftlich dividieren

1

7 2 : 3

6	0	:	3	=		
1	2	:	3	=		
7	2	:	3	=		

Frage: ______________________________

Antwort: ______________________________

2 a) 80 : 2 = ____
30 : 3 = ____
60 : 3 = ____

90 : 3 = ____
40 : 4 = ____
80 : 4 = ____

b) 69 : 3

6	0	:	3	=		
	9	:	3	=		
6	9	:	3	=		

96 : 3

9	0	:	3	=		
		:	3	=		

36 : 3

3	0	:	3	=		
		:	3	=		

c) 84 : 4

8	0					

48 : 4

86 : 2

3 a) 12 : 2 = ____
60 : 2 = ____
15 : 3 = ____
21 : 3 = ____

27 : 3 = ____
32 : 4 = ____
40 : 4 = ____
12 : 6 = ____

b) 72 : 4

4	0	:	4	=		
3	2	:	4	=		
7	2	:	4	=		

72 : 6

6	0	:	6	=		

72 : 2

6	0	:				

c) 45 : 3

3	0	:	3	=		

51 : 3

57 : 3

4 a) 12 : 4 = ____
16 : 4 = ____
40 : 4 = ____
80 : 4 = ____

15 : 5 = ____
25 : 5 = ____
45 : 5 = ____
50 : 5 = ____

b) 65 : 5

5	0	:	5			

95 : 5

75 : 5

c) 52 : 4

56 : 4

92 : 4

Halbschriftlich dividieren

1 a)

15 : 3 = ____
24 : 3 = ____
300 : 3 = ____
900 : 3 = ____

16 : 4 = ____
24 : 4 = ____
400 : 4 = ____
800 : 4 = ____

30 : 5 = ____
45 : 5 = ____
500 : 5 = ____

b) 824 : 4

8	0	0	:	4	=			
	2	4	:	4	=			
8	2	4	:	4	=			

416 : 4

4	0	0	:	4				
	1	6						

c) 624 : 3

6	0	0	:	3				

915 : 3

d) 530 : 5

545 : 5

2 a)

6 : 3 = ____
9 : 3 = ____
30 : 3 = ____
600 : 3 = ____
900 : 3 = ____

4 : 4 = ____
80 : 4 = ____
400 : 4 = ____
800 : 4 = ____

b) 484 : 4

4	0	0	:	4	=			
	8	0	:	4	=			
		4	:	4	=			
			:	4	=			

936 : 3

9	0	0	:	3	=			
	3	0	:	3	=			
			:	3	=			
			:	3	=			

c) 639 : 3

884 : 4

3 a) 615 : 5

5	0	0	:	5	=			
1	0	0	:	5	=			
	1	5	:	5	=			

725 : 5

5	0	0	:	5	=			
2	0	0						

835 : 5

b) 987 : 7

7	0	0	:	7				
2	8	0						

968 : 8

748 : 4

1 Zerlege immer in gleiche Teile.

a) 

2 000 = 1 000 + ________

2 000 = _____ · 1 000

b) 

5 000 = 1 000 + 1 000 + ________

5 000 = _____ · 1 000

c) 

3 000 = 1 000 + ________

3 000 = _____ · 1 000

d) 

4 000 = 1 000 + ________

4 000 = _____ · _____

e) 

6 000 = 2 000 + ________

6 000 = _____ · 2 000

f) 

8 000 = 2 000 + ________

8 000 = _____ · 2 000

g) 

9 000 = 3 000 + ________

9 000 = _____ · 3 000

h) 

8 000 = 4 000 + ________

8 000 = _____ · 4 000

2 Immer 10 000.

a) 

10 000 = 2 000 + ________

10 000 = _____ · 2 000

b) 

10 000 = 5 000 + ________

10 000 = _____ · 5 000

c) 

10 000 = 2 500 + ________

10 000 = _____ · 2 500

Die Stellentafel

1 Verbinde. Lies die Zahlen laut.

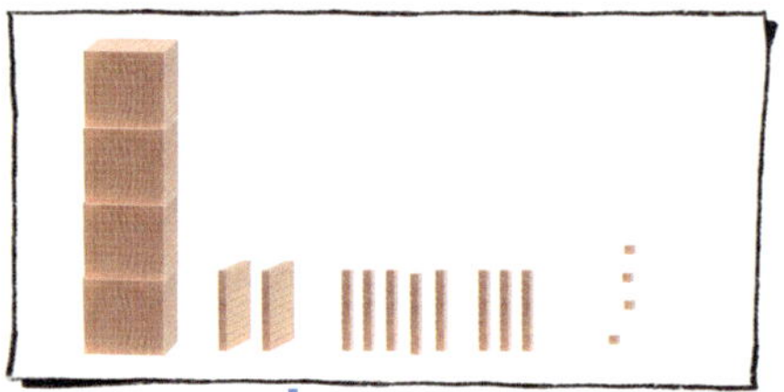

ZT	T	H	Z	E
	3	6	5	1

ZT	T	H	Z	E
	8	0	0	1

ZT	T	H	Z	E
	8	0	1	0

ZT	T	H	Z	E
	4	2	8	4

ZT	T	H	Z	E
1	0	0	0	1

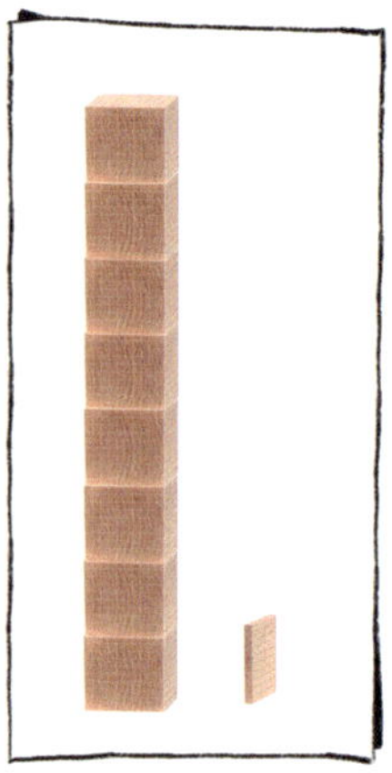

ZT	T	H	Z	E
1	0	0	0	0

ZT	T	H	Z	E
	8	1	0	0

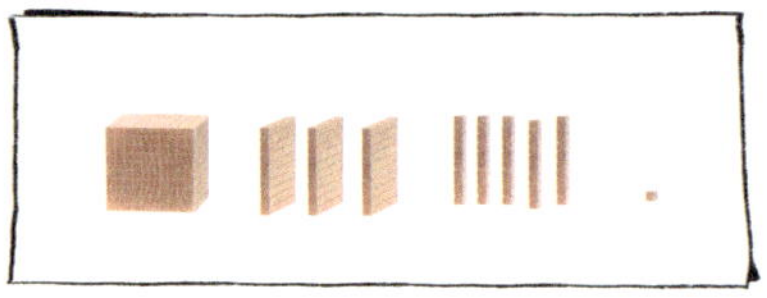

ZT	T	H	Z	E
	5	0	5	0

ZT	T	H	Z	E
	1	3	5	1

ZT	T	H	Z	E
	6	6	6	6

ZT	T	H	Z	E
	5	0	1	0

ZT	T	H	Z	E
	7	2	0	0

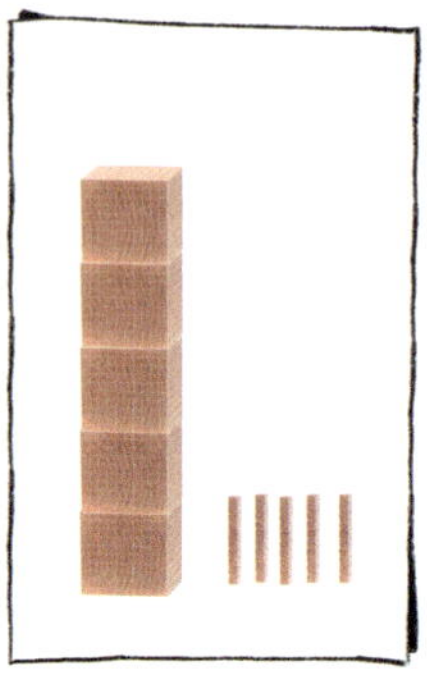

Trage in die Stellentafel ein. Wie heißt die Zahl?

1 a)

	ZT	T	H	Z	E	Die Zahl heißt
9T 8H 7Z		9	8	7	0	9870
7T 6H				0	0	
6T 4H				0	0	
5T 2H				0	0	
2T 3H 4Z					0	
1T 9H 7Z					0	

b)

	ZT	T	H	Z	E	Die Zahl heißt
8T 7H 6Z 5E						
3T 9Z 5E						
1ZT						
1ZT 1E						
1ZT 1Z						
1T 1H 1Z 1E						

2 a)

	ZT	T	H	Z	E	Die Zahl heißt
6H 3E 1T		1	6	0	3	1603
4Z 7T 3E			0			
6T 4H 7E				0		
3E 1Z 9T			0			
1E 8T			0	0		
5H 7Z 5T						
9H 9T						
4T 3E 2H 1Z						

b)

	ZT	T	H	Z	E	Die Zahl heißt
1T 1ZT			0	0	0	
6E 4T 2H						
1E 1ZT						
7Z 8T 5E						
4H 8T 2E						
8E 7T						
6H 1ZT						
7Z 5H 3E 1ZT						

Zahlen laut lesen. **2** Reihenfolge der Stellenwerte beachten.

Zahlen aufbauen

1 Baue Zahlen auf. Addiere.

a) 4000 | 500 | 20 | 1

4000 + 500 + 20 + 1 = ______

b) 2000 | 400 | 30 | 5

______

c) 5000 | 400 | 30 | 2

______

d) 7000 | 900 | 40 | 1

______

e) 3000 | 800 | 50

______

f) 6000 | 700 | 8

______

g) 9000 | 80

______

h) 1000 | 7

______

i) 300 | 70 | 6

______

j) 8000 | 80 | 9

______

k) 2000 | 40 | 3

______

l) 900 | 20 | 7

______

2 Zerlege die Zahlen.

a) 9876

9876 = 9000 + ______

b) 6432

6432 = ______

c) 651

______

d) 1193

______

e) 5350

______

f) 6460

______

g) 205

______

h) 1001

______

Zahlenkarten legen.

1 a)

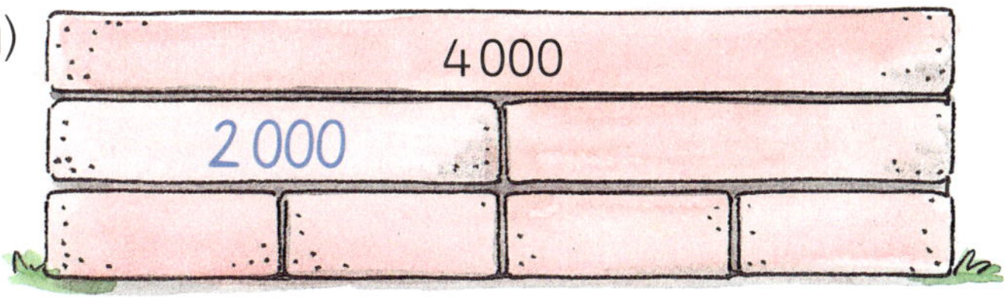

4000 = 1 · 4000
4000 = 2 · ___
4000 = 4 · ___

b)

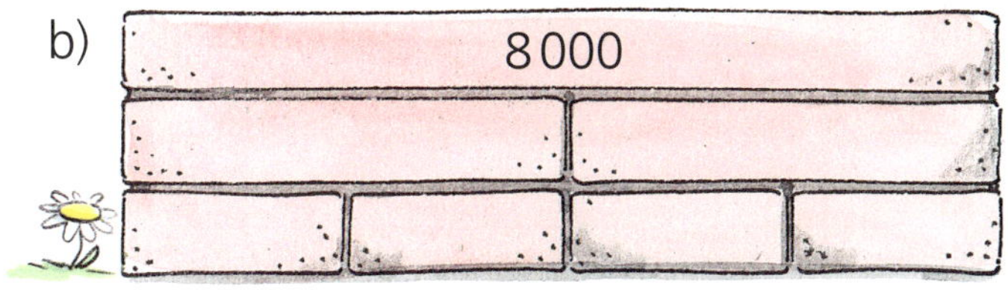

8000 = 1 · ___
8000 = 2 · ___
8000 = 4 · ___

c)

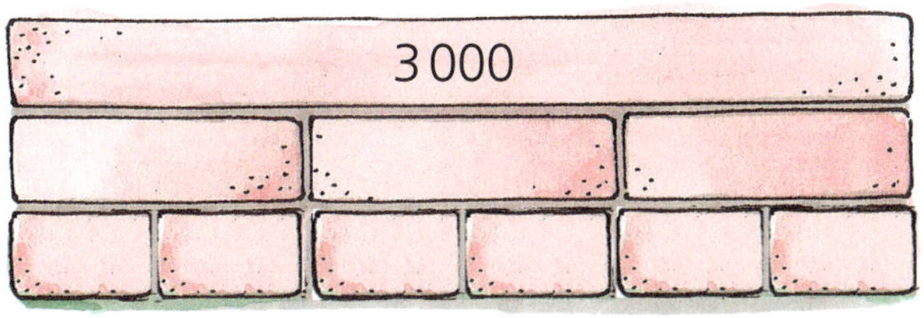

3000 = 1 · ___
3000 = 3 · ___
3000 = 6 · ___

d)

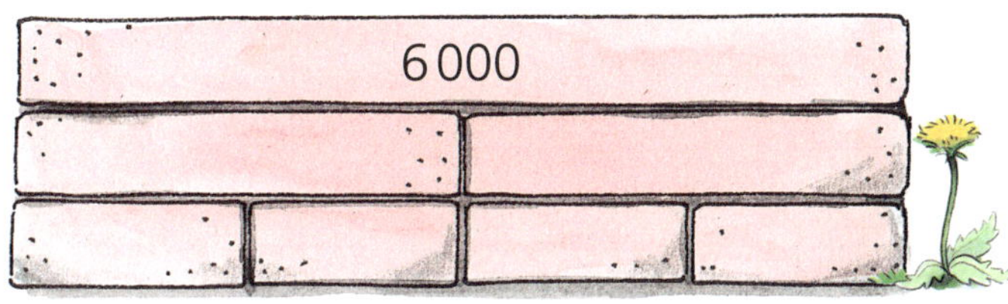

6000 = 1 · ___
6000 = 2 · ___
6000 = ___ · ___

e)

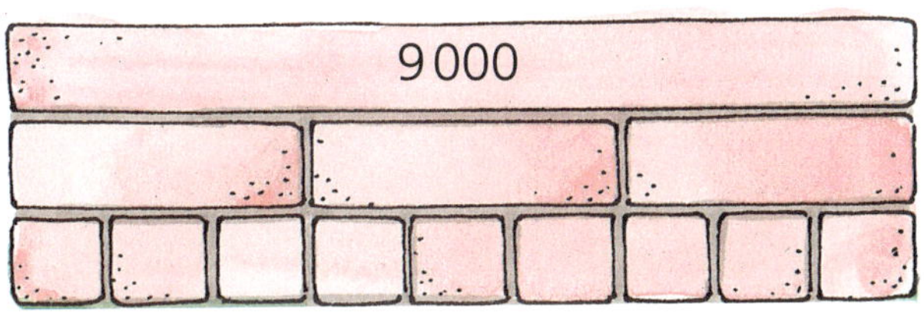

9000 = 1 · ___
9000 = ___ · ___
9000 = ___ · ___

f)

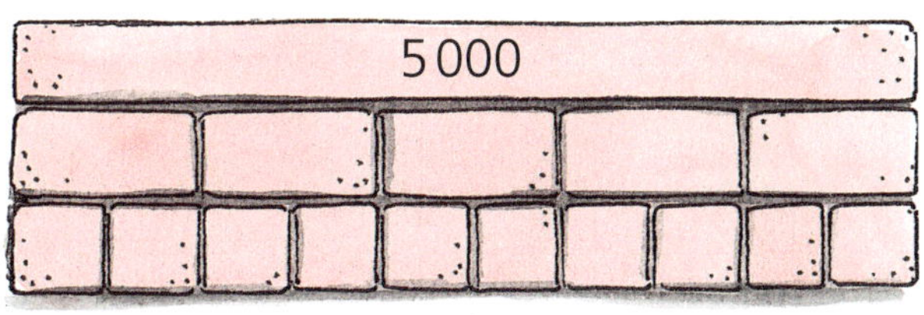

5000 = ___ · ___
5000 = ___ · ___
5000 = ___ · ___

g)

10000 = ___ · ___
10000 = ___ · ___
10000 = ___ · ___

h)

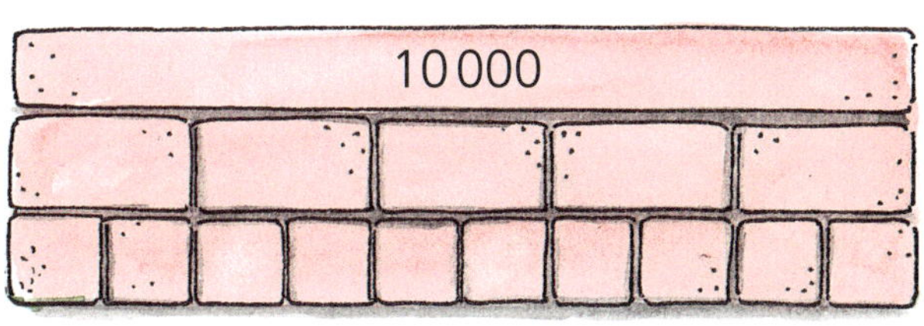

10000 = ___ · ___
10000 = ___ · ___
10000 = ___ · ___

Die „Mauerzahl" wird immer in gleich große Teile (Summanden) zerlegt.
Entsprechende Malaufgaben schreiben.

Der Zahlenstrahl

1 Verbinde mit dem Zahlenstrahl.

a) 1 500 | 500 | 2 000 | 3 500 | 2 500 | 4 500 | 4 000

b) 1 200 | 400 | 1 600 | 2 300 | 3 100 | 3 800 | 4 900

2 Trage die passenden Zahlen ein.

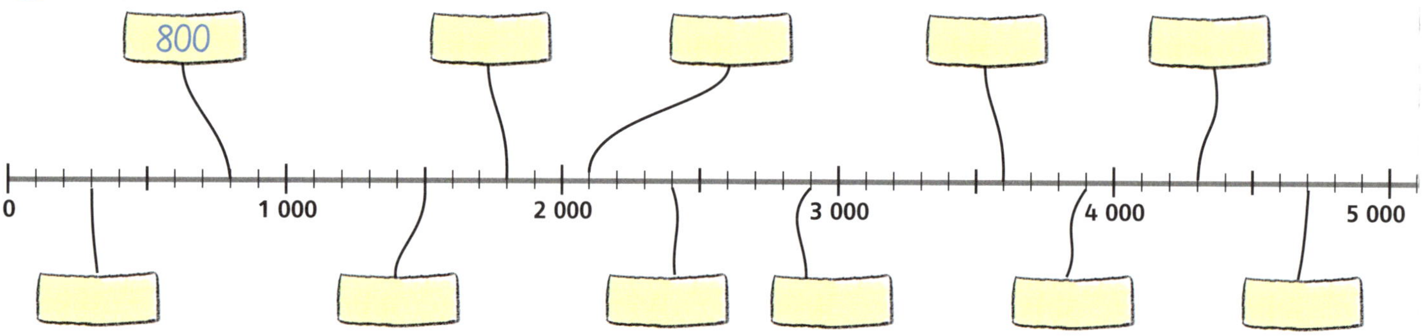

3 Trage immer die **Nachbartausender** ein.

a)

1000	1 500	2 000
2 000	2 500	
	3 500	
	4 500	
	500	

b)

7 000	7 500	
	8 500	
	9 500	
	6 500	
	5 500	

c)

	1 200	
	2 300	
	4 900	
	6 100	
	8 400	

4 Trage immer die **Nachbarhunderter** ein.

a)

1500	1 550	1600
00	2 550	00
00	3 250	00
00	4 250	00
00	5 150	00
00	6 150	00

b)

7 500	7 550	
	9 450	
	6 350	
	8 750	
	9 950	
	7 350	

c)

	1 290	
	2 410	
	3 840	
	4 670	
	6 280	
	5 160	

3 und **4** Am Zahlenstrahl zeigen.

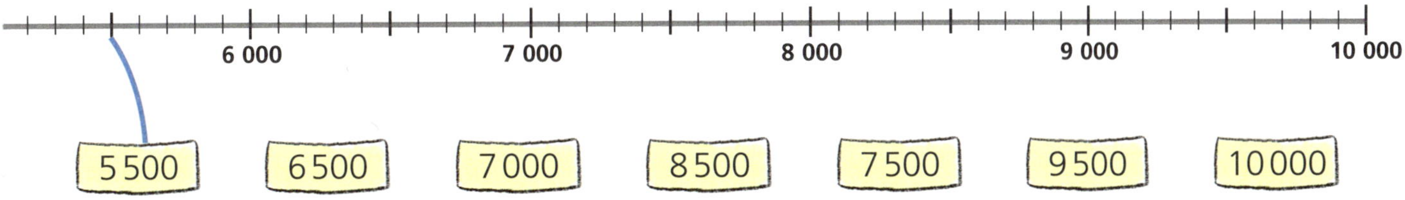

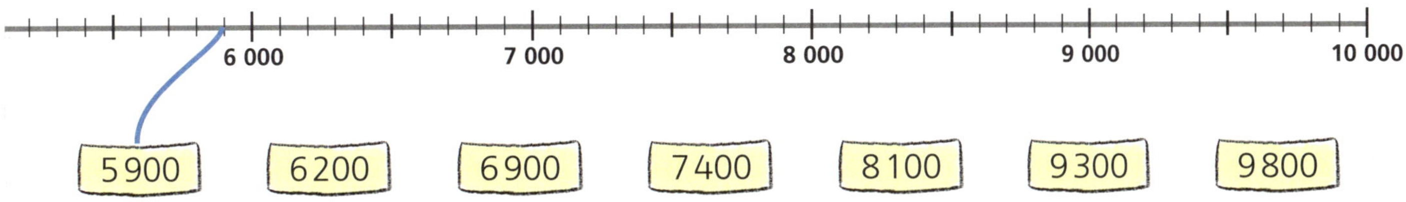

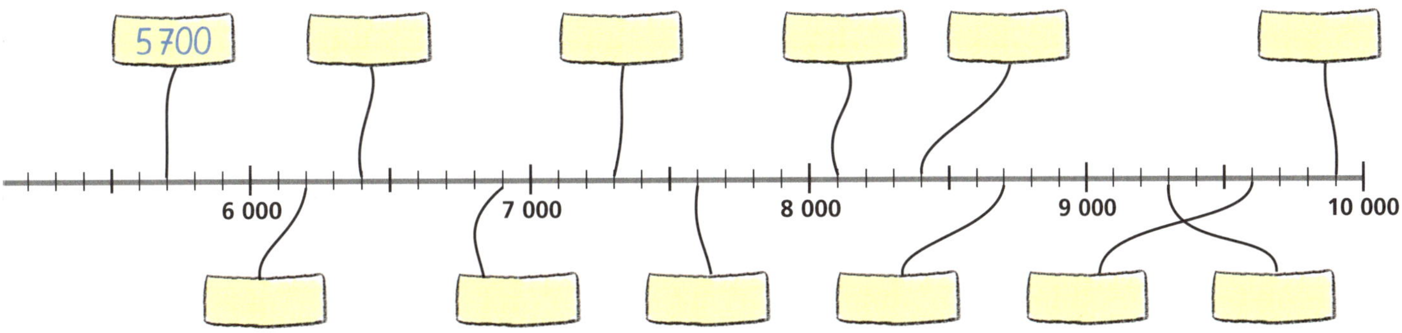

5 Trage immer die **Nachbarzehner** ein.

a)

1520	1525	1530
0	2525	0
0	3625	0
0	4635	0
0	5645	0

b)

6 250	6255	
	6865	
	7415	
	7875	
	8785	

c)

	9136	
	9247	
	9358	
	9469	
	9571	

6 Trage immer die **Nachbarzahlen** ein.

a)

1499	1 500	1501
	2 500	
	3 500	
	4 500	
	5 500	
	6 500	

b)

1999	2 000	
	4 000	
	6 000	
	7 000	
	8 000	
	9 000	

c)

	6 600	
	7 500	
	8 400	
	9 300	
	200	
	5 700	

Zahlen ordnen

1 Ordne die dreistelligen Zahlen nach der Größe.

a) 350 | ~~275~~ | 325 | 295

275

b) 297 | 279 | 269 | 289

c) 876 | 836 | 863 | 873

d) 407 | 430 | 401 | 439

e) 545 | 554 | 524 | 544

f) 732 | 727 | 723 | 737

2 Ordne die vierstelligen Zahlen nach der Größe.

a) 7800 | 8700 | 6900

b) 6450 | 5540 | 5504

c) 4380 | 5490 | 4370

d) 6740 | 6470 | 6074

e) 4745 | 4475 | 4976

f) 9876 | 9786 | 9867

3 Ordne nach der Größe. Beginne immer mit der kleinsten Zahl.

a) 2050 | 1250 | 2150 | 1520

b) 9130 | 9236 | 9135 | 9030

c) 3525 | 5525 | 2525 | 2325 | 4525

d) 7143 | 1793 | 7156 | 7015 | 1784

e) 8712 | 8427 | 4812 | 8412 | 7824 | 8217

Zahlen laut lesen.

1

1 · 10 000 = 10 000
2 · 10 000 = ______
3 · 10 000 = ______
4 · 10 000 = ______
5 · 10 000 = ______
6 · 10 000 = ______
7 · 10 000 = ______
8 · 10 000 = ______
9 · 10 000 = ______
10 · 10 000 = ______

2 a)

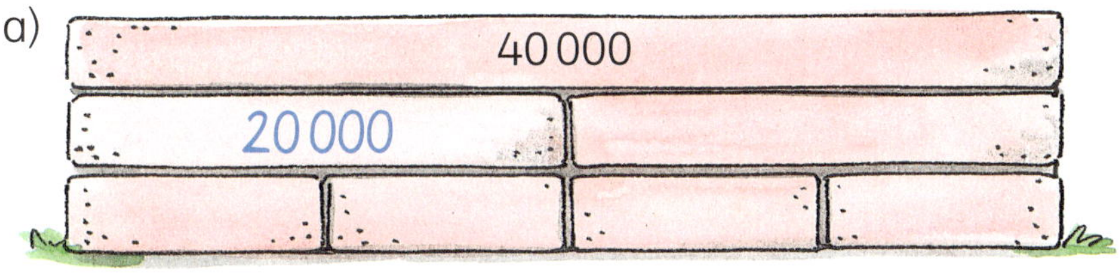

40 000 = 1 · ______
40 000 = 2 · ______
40 000 = 4 · ______

b)

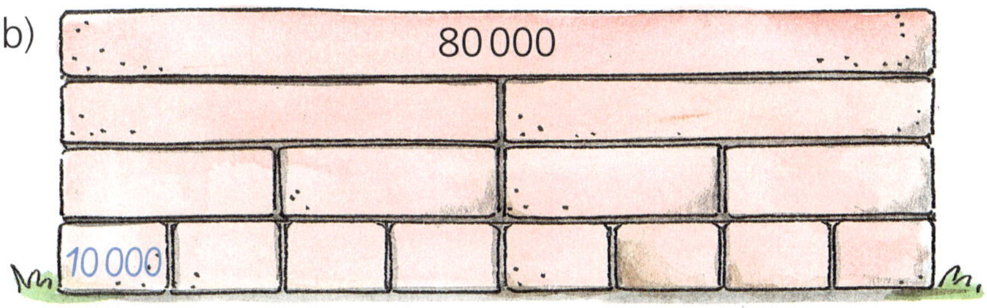

80 000 = 1 · ______
80 000 = 2 · ______
80 000 = 4 · ______
80 000 = 8 · ______

c)

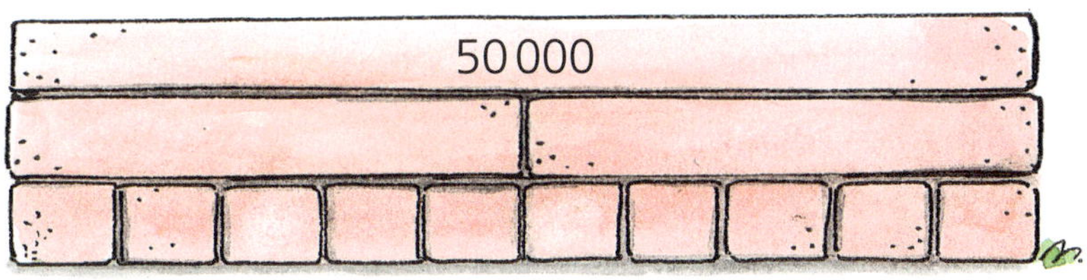

50 000 = 1 · ______
50 000 = 2 · ______
50 000 = 10 · ______

d)

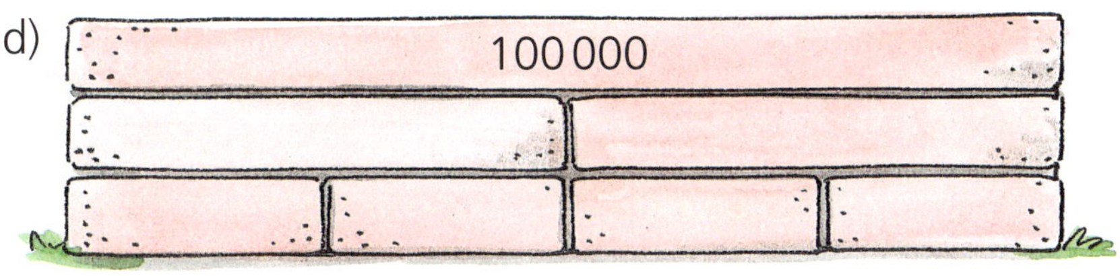

100 000 = 1 · ______
100 000 = 2 · ______
100 000 = 4 · ______

e)

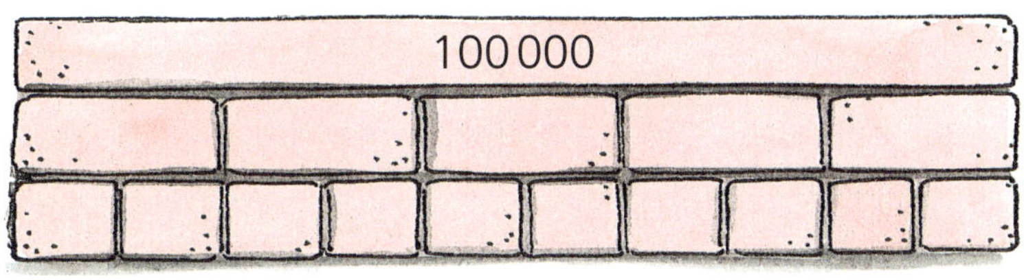

100 000 = 1 · ______
100 000 = 5 · ______
100 000 = 10 · ______

2 Zerlegemauer: Zahlen in gleich große Teile zerlegen. Entsprechende Malaufgaben schreiben.

Zahlen bis zur Million

1 Der Millionenwürfel

1 · 100 000 = 100 000
2 · 100 000 = ______
3 · 100 000 = ______
4 · 100 000 = ______
5 · 100 000 = ______
6 · 100 000 = ______
7 · 100 000 = ______
8 · 100 000 = ______
9 · 100 000 = ______
10 · 100 000 = ______

2 a)

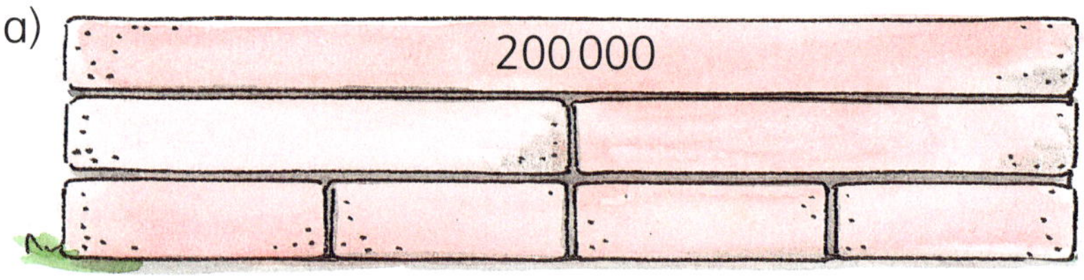

200 000 = 1 · ______
200 000 = 2 · ______
200 000 = 4 · ______

b)

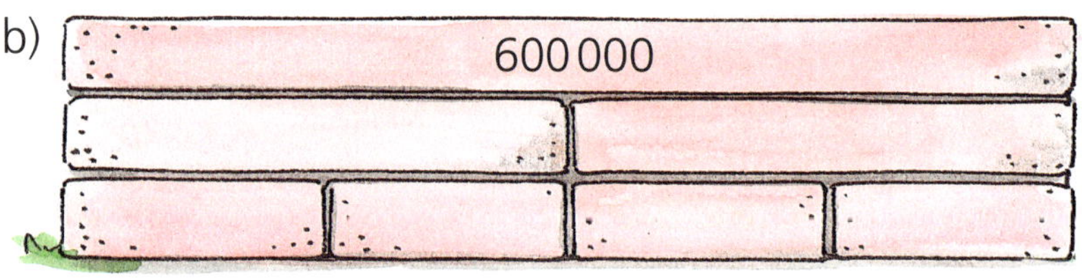

600 000 = 1 · ______
600 000 = 2 · ______
600 000 = 4 · ______

c)

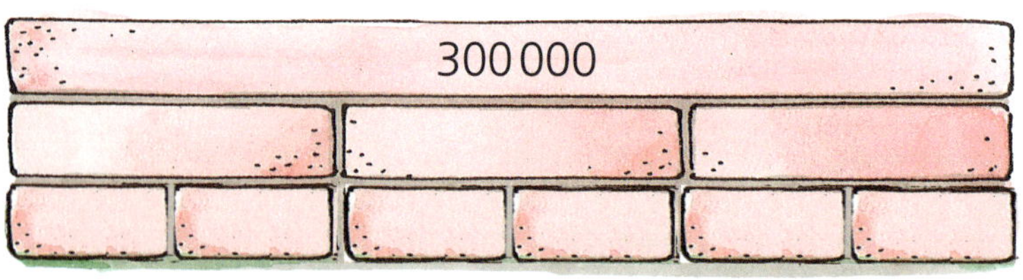

300 000 = 1 · ______
300 000 = 3 · ______
300 000 = 6 · ______

d)

900 000 = 1 · ______
900 000 = 3 · ______
900 000 = 6 · ______

e)

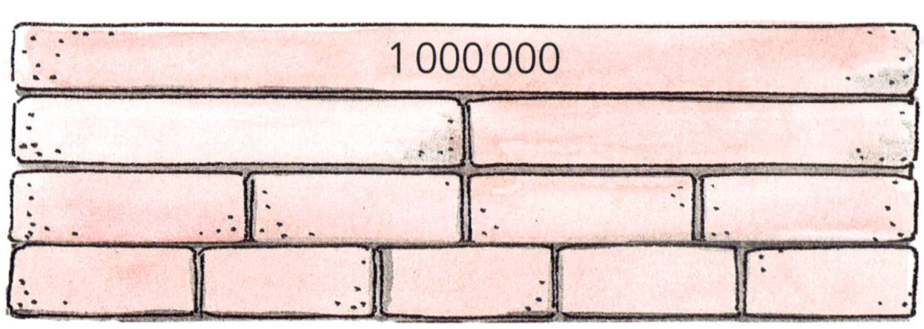

1 000 000 = 1 · ______
1 000 000 = 2 · ______
1 000 000 = 4 · ______
1 000 000 = 5 · ______

1 Baue große Zahlen auf. Lies laut.

a) 500 5
500 + 5 = ______

b) 500000 5000
500000 + 5000 = ______

c) 400 3

d) 400000 3000

e) 600 90

f) 600000 90000

g) 700 20

h) 700000 20000

i) 900 80 5

j) 900000 80000 5000

k) 400 30 1

l) 400000 30000 1000

2 Zerlege die Zahlen. Lies laut.

a) 2 0 5 1 0 0
205100 = 200000 + 5000 + ______

b) 4 5 2 2 0 0

c) 5 6 4 3 5 0

d) 7 8 0 6 6 0

e) 6 0 8 0 6 5

f) 9 0 0 9 0 9

g) 3 7 0 0 2 6

Evtl. Zahlenkarten legen.

Die Stellentafel

Trage in die Stellentafel ein. Wie heißt die Zahl?

1 a)

	M	HT	ZT	T	H	Z	E	Die Zahl heißt
4HT 5ZT 6T 7H		4	5	6	7	0	0	456 700
6HT 7ZT				0	0	0	0	
5HT 1ZT 5T					0	0	0	
3HT 5T					0	0	0	
1HT 1T 1H						0	0	
2HT 3T 8H 5Z							0	

b)

	M	HT	ZT	T	H	Z	E	Die Zahl heißt
1M		0	0	0	0	0	0	
6HT 5T								
9ZT 4Z 4E								
7H 4E								
4T 6H 8Z								
9HT 8ZT 7T								

2 a)

	M	HT	ZT	T	H	Z	E	Die Zahl heißt
1T 2ZT 5HT		5	2	1	0	0	0	
2Z 3H 4ZT				0			0	
2H 8ZT								
5T 3HT								
1E 1M								
6E 5Z 4ZT								
5ZT 5HT								
9Z 8E 7HT								

b)

	M	HT	ZT	T	H	Z	E	Die Zahl heißt
3E 7HT 1T								
9Z 9H 8T								
1M 1Z								
6T 8HT								
2E 3H 4Z								
7ZT 3H 5T								
3HT 2T								
5H 1T 1HT								

1 Zahlen laut lesen. **2** Reihenfolge der Stellenwerte beachten.

1 Welche **Hunderterzahl** liegt näher? Zeichne Pfeile. Runde.

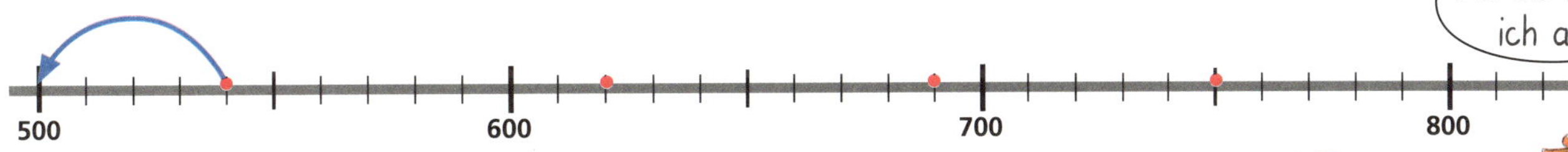

540 ≈ 500 | 620 ≈ ___ | 690 ≈ ___ | 750 ≈ ___

2 Welche **Hunderttausenderzahl** liegt näher? Zeichne und runde.

a)

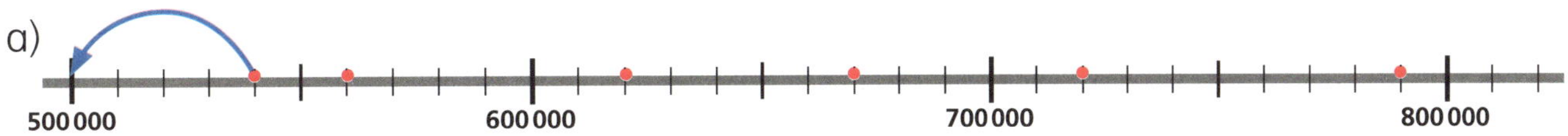

540 000 ≈ ___ | 620 000 ≈ ___ | 720 000 ≈ ___

560 000 ≈ ___ | 670 000 ≈ ___ | 790 000 ≈ ___

b)

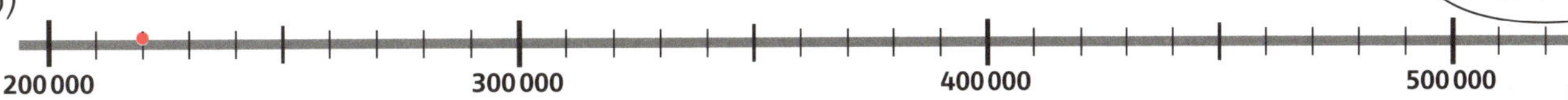

220 000 ≈ ___ | 340 000 ≈ ___ | 450 000 ≈ ___

280 000 ≈ ___ | 360 000 ≈ ___ | 510 000 ≈ ___

c)

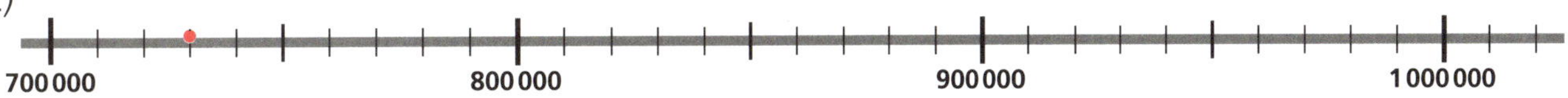

730 000 ≈ ___ | 850 000 ≈ ___ | 910 000 ≈ ___

750 000 ≈ ___ | 840 000 ≈ ___ | 950 000 ≈ ___

3 Zeige am Zahlenstrahl. Runde auf Hunderttausender.

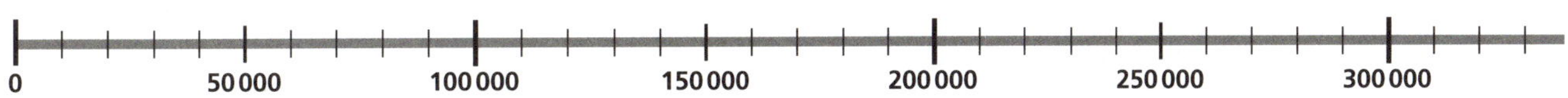

15 000 ≈ 0 | 110 500 ≈ ___ | 220 200 ≈ ___

70 500 ≈ ___ | 113 500 ≈ ___ | 250 200 ≈ ___

90 900 ≈ ___ | 150 500 ≈ ___ | 310 500 ≈ ___

Runden auf Zehntausender

1 Welche **Zehnerzahl** liegt näher? Zeichne Pfeile. Runde.

338 ≈ 340 | 374 ≈ ____ | 416 ≈ ____ | 445 ≈ ____

2 Welche **Zehntausenderzahl** liegt näher? Zeichne und runde.

a)

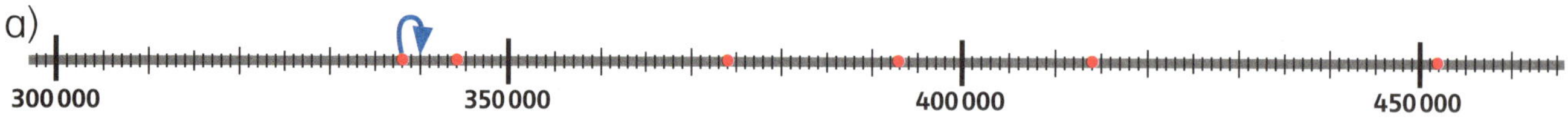

338 000 ≈ 340 000 | 374 000 ≈ ____ | 414 000 ≈ ____
344 000 ≈ ____ | 393 000 ≈ ____ | 452 000 ≈ ____

b)

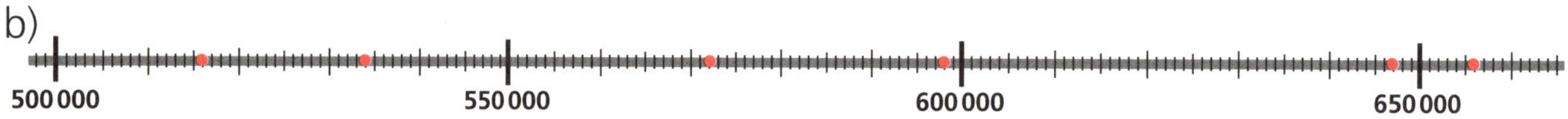

534 000 ≈ ____ | 572 000 ≈ ____ | 647 000 ≈ ____
516 000 ≈ ____ | 598 000 ≈ ____ | 656 000 ≈ ____

c)

705 000 ≈ ____ | 755 000 ≈ ____ | 825 000 ≈ ____
715000 ≈ ____ | 745 000 ≈ ____ | 835 000 ≈ ____

3 Zeige am Zahlenstrahl. Runde auf Zehntausender.

6 000 ≈ ____ | 45 000 ≈ ____ | 111 000 ≈ ____
17 000 ≈ ____ | 72 000 ≈ ____ | 125 000 ≈ ____
38 000 ≈ ____ | 98 000 ≈ ____ | 149 000 ≈ ____

1 a)
60 + 20 = ____
600 + 200 = ____
6 000 + 2 000 = ____

6 000 + 3 000 = ____
600 + 300 = ____
60 + 30 = ____

b)
40 + 30 = ____
400 + 300 = ____
4 000 + 3 000 = ____

4 000 + 5 000 = ____
400 + 500 = ____
40 + 50 = ____

c)
70 + 20 = ____
700 + 200 = ____
7 000 + 2 000 = ____

7 000 + 3 000 = ____
700 + 300 = ____
70 + 30 = ____

2 a)
80 + 30 = ____
800 + 300 = ____
8 000 + 3 000 = ____

8 000 + 5 000 = ____
800 + 500 = ____
80 + 50 = ____

b)
50 + 70 = ____
500 + 700 = ____
5 000 + 7 000 = ____

5 000 + 6 000 = ____
500 + 600 = ____
50 + 60 = ____

c)
90 + 60 = ____
900 + 600 = ____
9 000 + 6 000 = ____

9 000 + 8 000 = ____
900 + 800 = ____
90 + 80 = ____

3 a)

+	3 000	5 000	8 000
5 000			
7 000			
9 000			

b)

+	4 000	7 000	9 000
4 000			
6 000			
8 000			

4 a)
400 + 500 = ____
4 000 + 5 000 = ____
40 000 + 50 000 = ____

40 000 + 30 000 = ____
4 000 + 3 000 = ____
400 + 300 = ____

b)
600 + 200 = ____
6 000 + 2 000 = ____
60 000 + 20 000 = ____

60 000 + 40 000 = ____
6 000 + 4 000 = ____
600 + 400 = ____

5 a)
2 000 + 3 000 = ____
20 000 + 30 000 = ____
200 000 + 300 000 = ____

300 000 + 400 000 = ____
30 000 + 40 000 = ____
3 000 + 4 000 = ____

b)
5 000 + 5 000 = ____
50 000 + 50 000 = ____
500 000 + 500 000 = ____

200 000 + 400 000 = ____
20 000 + 40 000 = ____
2 000 + 4 000 = ____

Mit großen Zahlen rechnen wie mit kleinen. 1 a) und b), 4 a) und 5 a) ohne Überschreitung.

Addieren

1

a)
0 + 4 = ____
30 + 4 = ____
35 + 4 = ____

350 + 4 = ____
350 + 40 = ____
350 + 400 = ____

b)
240 + 3 = ____
240 + 30 = ____
240 + 300 = ____

180 + 2 = ____
180 + 20 = ____
180 + 200 = ____

c)
530 + 2 = ____
530 + 20 = ____
530 + 200 = ____

660 + 3 = ____
660 + 30 = ____
660 + 300 = ____

2

a)
4 200 + 5 = ____
4 200 + 50 = ____
4 200 + 500 = ____
4 200 + 5 000 = ____

b)
5 003 + 2 = ____
5 003 + 20 = ____
5 003 + 200 = ____
5 003 + 2 000 = ____

c)
5 600 + 4 = ____
5 600 + 40 = ____
5 600 + 400 = ____
5 600 + 4 000 = ____

d)
4 700 + 4 = ____
4 700 + 40 = ____
4 700 + 400 = ____
4 700 + 4 000 = ____

3

a)
3 500 + 50 = ____
3 500 + 500 = ____
3 500 + 5 000 = ____

b)
3 070 + 30 = ____
3 070 + 300 = ____
3 070 + 3 000 = ____

c)
3 600 + 4 000 = ____
3 600 + 400 = ____
3 600 + 40 = ____

d)
5 070 + 4 000 = ____
5 070 + 400 = ____
5 070 + 40 = ____

e)
2 400 + 30 = ____
2 400 + 300 = ____
2 400 + 3 000 = ____

f)
2 800 + 60 = ____
2 800 + 600 = ____
2 800 + 6 000 = ____

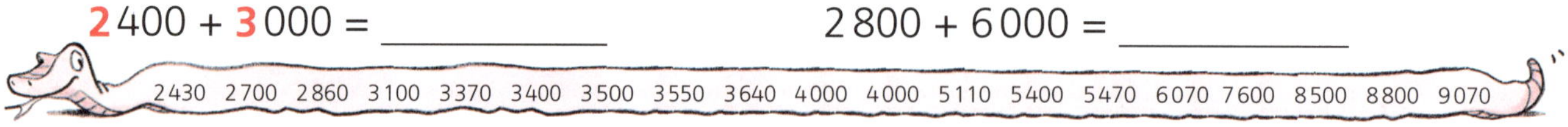

4

a)

+	30	300	3 000
7			
70			
700			
7 000			

b)

+	50	500	5 000
5			
51			
510			
5 100			

Auf die Änderungen der Stellen achten. 1 und 2 a) und b) Ohne Überschreitung.

1 a) 8 – 2 = ____
80 – 20 = ____
800 – 200 = ____

800 – 500 = ____
80 – 50 = ____
8 – 5 = ____

b) 70 – 30 = ____
700 – 300 = ____
7 000 – 3 000 = ____

7 000 – 5 000 = ____
700 – 500 = ____
70 – 50 = ____

c) 90 – 50 = ____
900 – 500 = ____
9 000 – 5 000 = ____

9 000 – 3 000 = ____
900 – 300 = ____
90 – 30 = ____

2 a) 12 – 3 = ____
120 – 30 = ____
1 200 – 300 = ____

1 500 – 700 = ____
150 – 70 = ____
15 – 7 = ____

b) 21 – 3 = ____
210 – 30 = ____
2 100 – 300 = ____

2 400 – 500 = ____
240 – 50 = ____
24 – 5 = ____

b) 42 – 6 = ____
420 – 60 = ____
4 200 – 600 = ____

6 300 – 700 = ____
630 – 70 = ____
63 – 7 = ____

3 a)

–	2 000	5 000	7 000
9 000			
7 000			
10 000			

b)

–	500	600	2 000
2 500			
3 000			
5 400			

4 a) 700 – 200 = ____
7 000 – 2 000 = ____
70 000 – 20 000 = ____

60 000 – 30 000 = ____
6 000 – 3 000 = ____
600 – 300 = ____

b) 100 – 60 = ____
1 000 – 600 = ____
10 000 – 6 000 = ____

18 000 – 5 000 = ____
1 800 – 500 = ____
180 – 50 = ____

5 a) 9 000 – 4 000 = ____
90 000 – 40 000 = ____
900 000 – 400 000 = ____

500 000 – 300 000 = ____
50 000 – 30 000 = ____
5 000 – 3 000 = ____

b) 1 600 – 400 = ____
16 000 – 4 000 = ____
160 000 – 40 000 = ____

120 000 – 30 000 = ____
12 000 – 3 000 = ____
1 200 – 300 = ____

Mit großen Zahlen rechnen wie mit kleinen.

Subtrahieren

1 a) 4850 – 4000 = ______
4850 – 400 = ______
4850 – 40 = ______

4850 – 30 = ______
4850 – 300 = ______
4850 – 3000 = ______

b) 7980 – 5000 = ______
7980 – 500 = ______
7980 – 50 = ______

7980 – 70 = ______
7980 – 700 = ______
7980 – 7000 = ______

2 a) 8670 – 6000 = ______
8670 – 600 = ______
8670 – 60 = ______

8970 – 70 = ______
8970 – 700 = ______
8970 – 7000 = ______

b) 14500 – 4000 = ______
14500 – 400 = ______
14500 – 40 = ______

14100 – 100 = ______
14100 – 1000 = ______
14100 – 10000 = ______

3 a)

–	1000	100	10
5400			
4800			
11500			

b)

–	3000	300	30
3400			
7500			
10300			

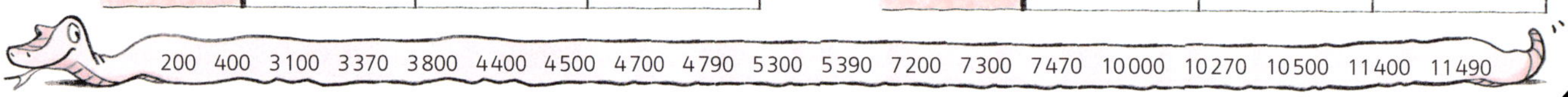

4 a) 5500 – 4000 = ______
5500 – 400 = ______
5500 – 40 = ______

b) 17700 – 7000 = ______
17700 – 700 = ______
17700 – 70 = ______

c) 6500 – 60 = ______
6500 – 600 = ______
6500 – 6000 = ______

d) 18800 – 80 = ______
18800 – 800 = ______
18800 – 8000 = ______

e) 7300 – 5000 = ______
7300 – 500 = ______
7300 – 50 = ______

f) 14400 – 4000 = ______
14400 – 400 = ______
14400 – 40 = ______

Auf die Stellen achten.

Addieren und Subtrahieren

1 a)

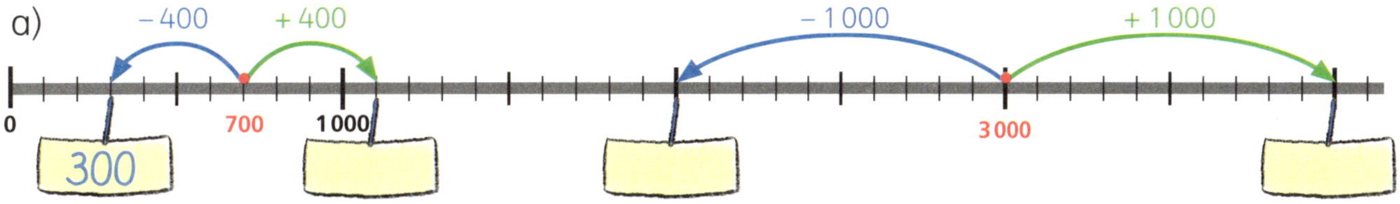

b)

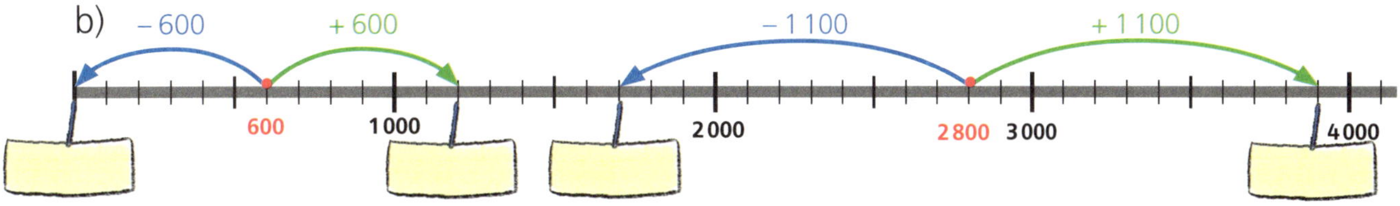

c)

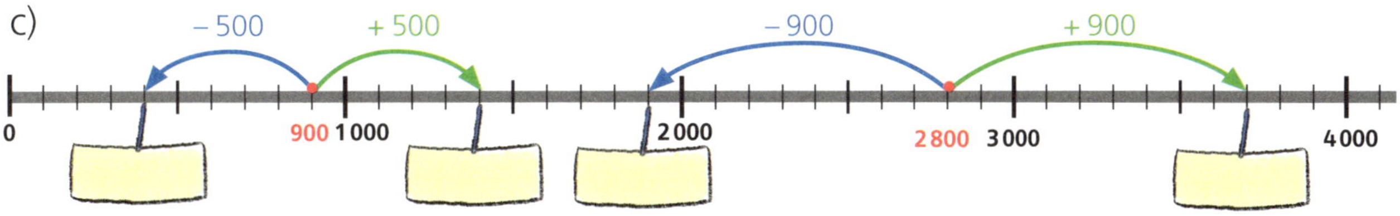

d)

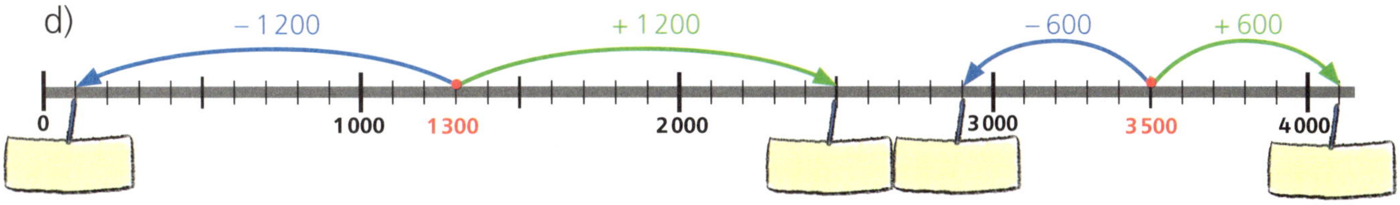

2 a)
8 + 3 = ______
8 – 3 = ______

80 + 30 = ______
80 – 30 = ______

800 + 300 = ______
800 – 300 = ______

b)
12 + 7 = ______
12 – 7 = ______

120 + 70 = ______
120 – 70 = ______

1 200 + 700 = ______
1 200 – 700 = ______

c)
21 + 3 = ______
21 – 3 = ______

210 + 30 = ______
210 – 30 = ______

2 100 + 300 = ______
2 100 – 300 = ______

3 a)
45 + 15 = ______
45 – 15 = ______

450 + 150 = ______
450 – 150 = ______

4 500 + 1 500 = ______
4 500 – 1 500 = ______

b)
53 + 17 = ______
53 – 17 = ______

530 + 170 = ______
530 – 170 = ______

5 300 + 1 700 = ______
5 300 – 1 700 = ______

c)
28 + 23 = ______
28 – 23 = ______

280 + 230 = ______
280 – 230 = ______

2 800 + 2 300 = ______
2 800 – 2 300 = ______

Dieselben Zahlen addieren und subtrahieren.

Mit 10 multiplizieren

1

a) 

10 · 3 = ____

b) 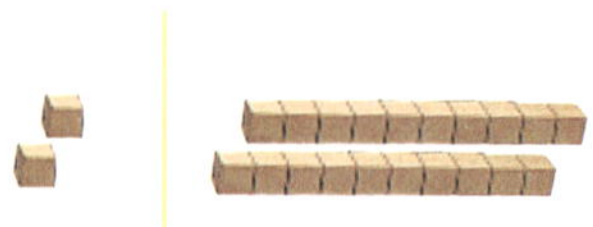

10 · 2 = ____

c) 

10 · 4 = ____

2

a)
10 · 5 = ____
10 · 50 = ____
10 · 500 = ____

10 · 7 = ____
10 · 70 = ____
10 · 700 = ____

b)
10 · 6 = ____
10 · 60 = ____
10 · 600 = ____

10 · 0 = ____
10 · 1 = ____
10 · 10 = ____

c)
10 · 4 = ____
10 · 40 = ____
10 · 400 = ____

10 · 9 = ____
10 · 90 = ____
10 · 900 = ____

3

a)
10 · 8 = ____
10 · 82 = ____
10 · 820 = ____

10 · 240 = ____
10 · 24 = ____
10 · 2 = ____

b)
10 · 7 = ____
10 · 71 = ____
10 · 710 = ____

10 · 930 = ____
10 · 93 = ____
10 · 9 = ____

c)
10 · 5 = ____
10 · 55 = ____
10 · 505 = ____

10 · 307 = ____
10 · 37 = ____
10 · 3 = ____

W

4

a)
15 : 5 = ____
150 : 5 = ____
150 : 50 = ____

b)
16 : 4 = ____
160 : 4 = ____
160 : 40 = ____

c)
21 : 3 = ____
210 : 3 = ____
210 : 30 = ____

d)
27 : 9 = ____
270 : 9 = ____
270 : 90 = ____

e)
35 : 7 = ____
350 : 7 = ____
350 : 70 = ____

f)
36 : 9 = ____
360 : 9 = ____
360 : 90 = ____

g)
40 : 5 = ____
400 : 5 = ____
400 : 50 = ____

h)
42 : 6 = ____
420 : 6 = ____
420 : 60 = ____

5

a)
45 : 9 = ____
450 : 90 = ____
450 : 9 = ____

b)
48 : 8 = ____
480 : 80 = ____
480 : 8 = ____

c)
54 : 6 = ____
540 : 60 = ____
540 : 6 = ____

d)
63 : 9 = ____
630 : 90 = ____
630 : 9 = ____

e)
56 : 8 = ____
560 : 80 = ____
560 : 8 = ____

f)
49 : 7 = ____
490 : 70 = ____
490 : 7 = ____

g)
32 : 4 = ____
320 : 40 = ____
320 : 4 = ____

h)
28 : 7 = ____
280 : 70 = ____
280 : 7 = ____

Verzehnfachen bedeutet: Alle Ziffern rücken eine Stelle nach links. In die dadurch freie Einerstelle wird eine 0 geschrieben.

Mit Stufenzahlen multiplizieren

1

a) 

10 · 3 = ____

b) 

100 · 3 = ____

c) 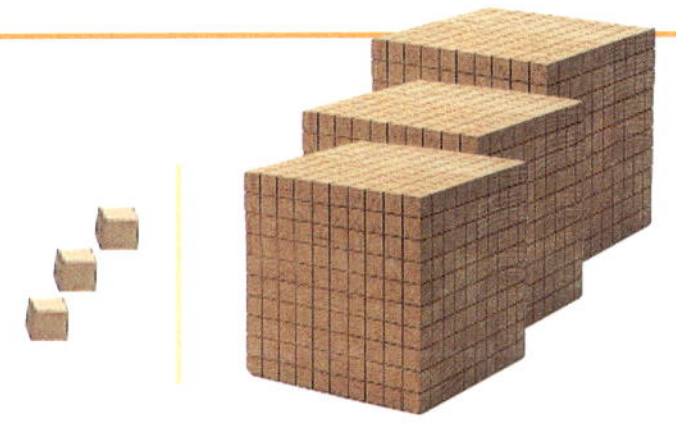

1 000 · 3 = ____

2 Zehn-, hundert- und tausendmal so viel.

a)
10 · 4 = ____
100 · 4 = ____
1 000 · 4 = ____

1 000 · 1 = ____
100 · 1 = ____
10 · 1 = ____

b)
10 · 8 = ____
100 · 8 = ____
1 000 · 8 = ____

1 000 · 9 = ____
100 · 9 = ____
10 · 9 = ____

c)
10 · 5 = ____
100 · 5 = ____
1 000 · 5 = ____

1 000 · 0 = ____
100 · 0 = ____
10 · 0 = ____

3

a)
10 · 10 = ____
100 · 10 = ____
1 000 · 10 = ____

1 000 · 20 = ____
100 · 20 = ____
10 · 20 = ____

b)
10 · 50 = ____
100 · 50 = ____
1 000 · 50 = ____

1 000 · 70 = ____
100 · 70 = ____
10 · 70 = ____

c)
1 000 · 60 = ____
100 · 60 = ____
10 · 60 = ____

10 · 90 = ____
100 · 90 = ____
1 000 · 90 = ____

4

a)
100 · 2 = ____
100 · 10 = ____
100 · 12 = ____

b)
100 · 4 = ____
100 · 20 = ____
100 · 24 = ____

c)
100 · 3 = ____
100 · 50 = ____
100 · 53 = ____

d)
1 000 · 2 = ____
1 000 · 10 = ____
1 000 · 12 = ____

e)
1 000 · 7 = ____
1 000 · 30 = ____
1 000 · 37 = ____

f)
1 000 · 5 = ____
1 000 · 20 = ____
1 000 · 25 = ____

g)
10 · 7 = ____
10 · 80 = ____
10 · 87 = ____

h)
100 · 9 = ____
100 · 10 = ____
100 · 19 = ____

i)
1 000 · 1 = ____
1 000 · 40 = ____
1 000 · 41 = ____

j)
10 · 6 = ____
10 · 70 = ____
10 · 76 = ____

k)
1 000 · 8 = ____
1 000 · 50 = ____
1 000 · 58 = ____

l)
100 · 9 = ____
100 · 90 = ____
100 · 99 = ____

Entdecken, dass sich die Ziffern um eine, zwei oder drei Stellen nach links verschieben.
Die frei werdenden Stellen mit Nullen belegen.

1 a) Bauer Stöcker hat im Juli 1 000 kg Kartoffeln geerntet. Im April hatte er 200 kg Saatkartoffeln gepflanzt. Wievielmal so schwer ist die Ernte?

1 000 – 200 = ____

Die Kartoffelernte war ____ -mal so schwer wie die Saat.

b) Der Kartoffelhof Huber verkaufte von seinen 1000 Säcken Kartoffeln schon 200.

5 · 200 = 1 000

Jedes Tier kann ____ kg Kartoffeln fressen.

c) Der Bioladen Krämer hat noch 100 kg Kartoffeln. Immer 20 kg sollen in einen Beutel. Wie viele Beutel können gefüllt werden?

200 : 20 = ____

Der Kartoffelhof Huber hat noch ____ Säcke Kartoffeln.

d) Landwirtin Ott verfüttert 200 kg Kartoffeln an ihre 20 Schweine. Wie viel kg Kartoffeln kann jedes Tier fressen?

100 : 20 = ____

____ Beutel können gefüllt werden.

e) Landwirt Hilche hat 1 000 Schweine und 200 Puten. Wie viele Tiere sind es insgesamt?

200 + 20 = ____

Es sind insgesamt ____ Tiere.

f) Frau Mohr füttert jeden Tag 200 Hühner und 20 Enten. Wie viele Tiere versorgt sie am Tag?

1 000 + 200 = ____

Sie versorgt täglich ____ Tiere.

Passende Texte, Rechnungen und Antworten verbinden. Fertigstellen.

Durch 10 dividieren

1 a)

30 : 10 = ____

b)

20 : 10 = ____

c)
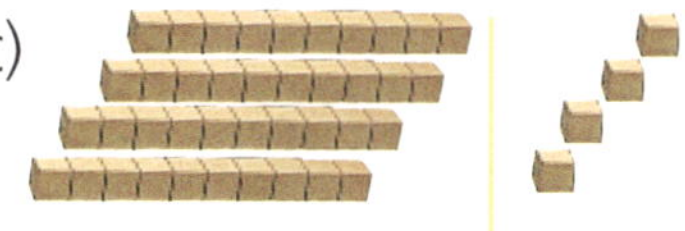
40 : 10 = ____

2

a)	b)	c)
80 : 10 = ____	10 : 10 = ____	900 : 10 = ____
800 : 10 = ____	100 : 10 = ____	9000 : 10 = ____
8000 : 10 = ____	1000 : 10 = ____	90000 : 10 = ____
6000 : 10 = ____	7000 : 10 = ____	20000 : 10 = ____
600 : 10 = ____	700 : 10 = ____	2000 : 10 = ____
60 : 10 = ____	70 : 10 = ____	200 : 10 = ____

3

a)	b)	c)
240 : 10 = ____	320 : 10 = ____	560 : 10 = ____
2400 : 10 = ____	3200 : 10 = ____	5600 : 10 = ____
24000 : 10 = ____	32000 : 10 = ____	56000 : 10 = ____
65000 : 10 = ____	16000 : 10 = ____	43000 : 10 = ____
6500 : 10 = ____	1600 : 10 = ____	4300 : 10 = ____
650 : 10 = ____	160 : 10 = ____	430 : 10 = ____

W

4

a)	b)	c)	d)
18 : 9 = ____	24 : 8 = ____	42 : 7 = ____	30 : 5 = ____
180 : 90 = ____	240 : 80 = ____	420 : 70 = ____	300 : 50 = ____
180 : 9 = ____	240 : 8 = ____	420 : 7 = ____	300 : 5 = ____

e)	f)	g)	h)
32 : 8 = ____	35 : 5 = ____	40 : 1 = ____	45 : 5 = ____
320 : 80 = ____	350 : 50 = ____	400 : 10 = ____	450 : 50 = ____
320 : 8 = ____	350 : 5 = ____	400 : 1 = ____	450 : 5 = ____

5

a)	b)	c)	d)
36 : 6 = ____	56 : 7 = ____	64 : 8 = ____	72 : 8 = ____
360 : 6 = ____	560 : 7 = ____	640 : 8 = ____	720 : 8 = ____
360 : 60 = ____	560 : 70 = ____	640 : 80 = ____	720 : 80 = ____

e)	f)	g)	h)
36 : 9 = ____	25 : 5 = ____	81 : 9 = ____	18 : 6 = ____
360 : 9 = ____	250 : 5 = ____	810 : 9 = ____	180 : 6 = ____
360 : 90 = ____	250 : 50 = ____	810 : 90 = ____	180 : 60 = ____

Entdecken: Beim Teilen durch 10 entfällt die Null an der letzten Stelle
und alle Ziffern rücken eine Stelle nach rechts.

Durch Stufenzahlen dividieren

1 a)

30 : 10 = ____

b)

300 : 100 = ____

c)

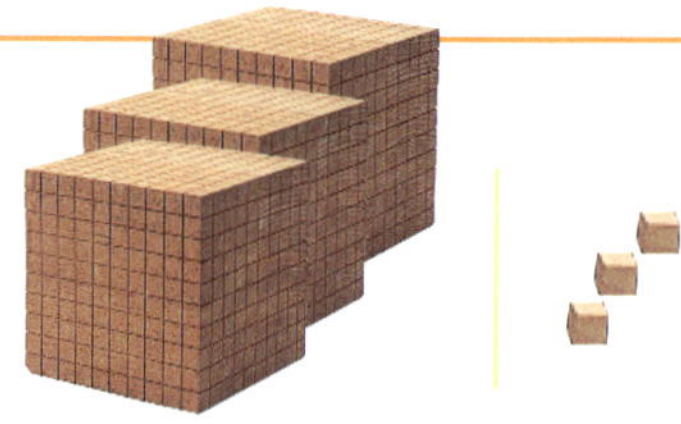

3 000 : 1 000 = ____

2 Teile durch 10, durch 100 und durch 1 000.

a) 3 000 : 10 = ____
3 000 : 100 = ____
3 000 : 1 000 = ____

2 000 : 1 000 = ____
2 000 : 100 = ____
2 000 : 10 = ____

b) 5 000 : 10 = ____
5 000 : 100 = ____
5 000 : 1 000 = ____

7 000 : 1 000 = ____
7 000 : 100 = ____
7 000 : 10 = ____

c) 1 000 : 10 = ____
1 000 : 100 = ____
1 000 : 1 000 = ____

9 000 : 1 000 = ____
9 000 : 100 = ____
9 000 : 10 = ____

3 a) 40 000 : 10 = ____
40 000 : 100 = ____
40 000 : 1 000 = ____

10 000 : 1 000 = ____
10 000 : 100 = ____
10 000 : 10 = ____

b) 80 000 : 10 = ____
80 000 : 100 = ____
80 000 : 1 000 = ____

100 000 : 1 000 = ____
100 000 : 100 = ____
100 000 : 10 = ____

4 a) 40 : 10 = ____
100 : 10 = ____
140 : 10 = ____

b) 300 : 10 = ____
1 000 : 10 = ____
1 300 : 10 = ____

c) 500 : 100 = ____
2 000 : 100 = ____
2 500 : 100 = ____

d) 800 : 10 = ____
3 000 : 10 = ____
3 800 : 10 = ____

e) 700 : 10 = ____
5 000 : 10 = ____
5 700 : 10 = ____

f) 1 000 : 1 000 = ____
20 000 : 1 000 = ____
21 000 : 1 000 = ____

g) 200 : 10 = ____
7 000 : 10 = ____
7 200 : 10 = ____

h) 400 : 100 = ____
6 000 : 100 = ____
6 400 : 100 = ____

i) 20 : 10 = ____
8 000 : 10 = ____
8 020 : 10 = ____

j) 50 : 10 = ____
2 000 : 10 = ____
2 050 : 10 = ____

k) 70 : 10 = ____
800 : 10 = ____
870 : 10 = ____

l) 2 000 : 1 000 = ____
50 000 : 1 000 = ____
52 000 : 1 000 = ____

Feststellen, wie viele Nullen zu streichen sind und um wie viele Stellen alle Ziffern nach rechts rücken.

Mit großen Zahlen multiplizieren

1 Vom Einmaleins zum Malnehmen mit großen Zahlen.

a) 3 · 2 = ____
3 · 20 = ____
3 · 200 = ____
3 · 2 000 = ____

b) 4 · 6 = ____
4 · 60 = ____
4 · 600 = ____
4 · 6 000 = ____

c) 8 · 4 = ____
8 · 40 = ____
8 · 400 = ____
8 · 4 000 = ____

d) 6 · 9 000 = ____
6 · 900 = ____
6 · 90 = ____
6 · 9 = ____

e) 7 · 5 000 = ____
7 · 500 = ____
7 · 50 = ____
7 · 5 = ____

f) 9 · 5 000 = ____
9 · 500 = ____
9 · 50 = ____
9 · 5 = ____

2 a) 9 · 30 = ____
9 · 300 = ____
9 · 3 000 = ____
9 · 30 000 = ____

b) 8 · 50 = ____
8 · 500 = ____
8 · 5 000 = ____
8 · 50 000 = ____

c) 4 · 90 = ____
4 · 900 = ____
4 · 9 000 = ____
4 · 90 000 = ____

d) 5 · 60 = ____
5 · 600 = ____
5 · 6 000 = ____
5 · 60 000 = ____

e) 6 · 70 = ____
6 · 700 = ____
6 · 7 000 = ____
6 · 70 000 = ____

f) 7 · 60 = ____
7 · 600 = ____
7 · 6 000 = ____
7 · 60 000 = ____

3 a)

·	7	3	9
4	28		
30			
100			
5 000			

b)

·	6	4	8
7			
80			
300			
2 000			

4 a) 4 · 2 = ____
4 000 · 2 = ____

b) 4 · 4 = ____
4 000 · 4 = ____

c) 4 · 5 = ____
4 000 · 5 = ____

d) 7 · 3 = ____
7 000 · 3 = ____

e) 7 · 7 = ____
7 000 · 7 = ____

f) 7 · 9 = ____
7 000 · 9 = ____

g) 9 · 7 = ____
9 000 · 7 = ____

h) 9 · 6 = ____
9 000 · 6 = ____

i) 9 · 4 = ____
9 000 · 4 = ____

j) 8 · 3 = ____
800 · 3 = ____

k) 8 · 7 = ____
8 000 · 7 = ____

l) 8 · 6 = ____
800 · 6 = ____

Große Zahlen dividieren

1

a)
42 : 6 = ______
420 : 6 = ______
4200 : 6 = ______
42000 : 6 = ______

b)
35 : 7 = ______
350 : 7 = ______
3500 : 7 = ______
35000 : 7 = ______

c)
48 : 6 = ______
480 : 6 = ______
4800 : 6 = ______
48000 : 6 = ______

d)
45000 : 9 = ______
4500 : 9 = ______
450 : 9 = ______
45 : 9 = ______

e)
27000 : 3 = ______
2700 : 3 = ______
270 : 3 = ______
27 : 3 = ______

f)
27000 : 9 = ______
2700 : 9 = ______
270 : 9 = ______
27 : 9 = ______

2

a)
25 : 5 = ______
250 : 5 = ______
2500 : 5 = ______
25000 : 5 = ______

b)
63 : 9 = ______
630 : 9 = ______
6300 : 9 = ______
63000 : 9 = ______

c)
9 : 3 = ______
90 : 3 = ______
900 : 3 = ______
9000 : 3 = ______

d)
30000 : 6 = ______
3000 : 6 = ______
300 : 6 = ______
30 : 6 = ______

e)
54000 : 6 = ______
5400 : 6 = ______
540 : 6 = ______
54 : 6 = ______

f)
24000 : 6 = ______
2400 : 6 = ______
240 : 6 = ______
24 : 6 = ______

3

a)

:	4	8	2
16			
1600			
24			
2400			

b)

:	6	9	1
18			
1800			
36			
3600			

4

a)
49 : 7 = ______
49000 : 7 = ______

b)
63 : 7 = ______
63000 : 7 = ______

c)
56 : 7 = ______
5600 : 7 = ______

d)
56 : 8 = ______
56000 : 8 = ______

e)
32 : 8 = ______
3200 : 8 = ______

f)
40 : 8 = ______
40000 : 8 = ______

g)
35 : 5 = ______
35000 : 5 = ______

h)
40 : 5 = ______
40000 : 5 = ______

i)
45 : 5 = ______
45000 : 5 = ______

j)
28 : 7 = ______
2800 : 7 = ______

k)
81 : 9 = ______
8100 : 9 = ______

l)
21 : 3 = ______
21000 : 3 = ______

1

a) Morgen bekommt die Feuerwehr Altenrade 30 neue Schläuche. Jeder Schlauch ist 20 m lang. Wie viel Meter Schlauchleitung kann sie damit legen?

b) Die Feuerwehr Söven legte mit 30 m langen Schläuchen eine 90 m lange Leitung. Wie viele Schläuche hat sie zusammengesteckt?

c) Die Jugendfeuerwehr Holle steckte gestern 10 Schläuche zusammen. Jeder Schlauch war 15 m lang. Wie lang war die ganze Leitung?

d) Die Feuerwehr Waldrode hat 10 Schläuche mit je 20 m Länge und 15 Schläuche mit je 30 m Länge. Wie viele Schläuche hat sie?

e) Die Feuerwehr Arzdorf erhielt eine 120 m lange Schlauchleitung. Jeder einzelne Schlauch ist 20 m lang. Wie viele einzelne Schläuche sind es?

f) Die Feuerwehr Rott soll eine 120 m lange Schlauchleitung legen. Jeder Schlauch ist 30 m lang. Wie viele Schläuche braucht sie?

10 · 15 = ____

90 : 30 = ____

30 · 20 = ____

10 + 15 = ____

120 : 30 = ____

120 : 20 = ____

Sie hat ____ Schläuche zusammengesteckt.

Die Leitung war ____ m lang.

Sie kann ____ m Schlauchleitung legen.

Sie braucht ____ Schläuche.

Sie hat ____ Schläuche.

Es sind ____ Schläuche.

In d) werden nicht alle Angaben zum Ausrechnen gebraucht.

Schriftlich multiplizieren ohne Übertrag

1 a)

1	3	2	·	3
				6

3 · 2 = 6
3 · 3 = ____
3 · 1 = ____

b)

3	1	4	·	2

2 · 4 = ____
2 · 1 = ____
2 · 3 = ____

2
a) 1 2 1 · 4 (4)
b) 2 1 3 · 3
c) 3 2 1 · 2
d) 1 1 2 · 3
e) 1 2 3 · 3 (9)
f) 1 2 3 · 2
g) 2 1 2 · 4
h) 3 2 1 · 3
i) 1 1 2 2 · 4
j) 1 3 2 1 · 3
k) 4 3 4 3 · 2
l) 3 1 2 1 · 3

3 Achte auf die Nullen.
a) 3 0 4 0 · 2
b) 3 2 0 1 · 3
c) 2 0 1 0 · 4
d) 3 0 2 · 3
e) 2 0 3 0 · 3
f) 1 2 0 0 · 4
g) 3 4 0 0 · 2
h) 1 0 2 0 · 4
i) 2 2 0 1 · 4
j) 3 0 2 3 · 3
k) 4 0 4 2 · 2
l) 2 0 0 1 · 4

4 Kannst du auch mit Riesenzahlen rechnen?
a) 4 2 3 0 3 · 2
b) 2 0 2 1 3 · 3
c) 1 0 0 1 2 · 4
d) 2 2 0 1 0 1 · 4
e) 1 1 2 1 2 3 · 3
f) 2 0 3 2 0 3 · 3
g) 1 3 0 2 3 3 · 3
h) 2 2 1 0 0 1 · 4
i) 4 0 2 3 0 4 · 2

5

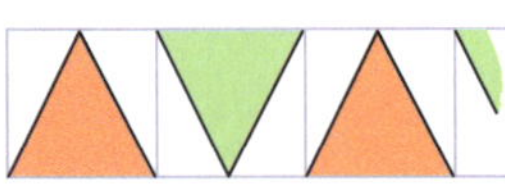

1 Frau Borg kauft 4 Stühle. Jeder kostet 215 €.

2	1	5	·	4
			6	0

$4 \cdot 5 = 20$
Ich schreibe 0 und merke mir zwei Zehner für die nächste Stelle.

____

2 Vergiss nicht den Übertrag.

a) 4 · 2 = ____
4 · 3 = ____
4 · 4 = ____
4 · 5 = ____
4 · 6 = ____
4 · 7 = ____
4 · 8 = ____
4 · 9 = ____

b) 2 0 5 · 4 (0)
c) 1 2 4 · 4
d) 5 1 2 · 4
e) 5 0 3 · 4
f) 6 1 2 · 4
g) 9 2 0 · 4
h) 1 0 7 · 4
i) 4 1 2 · 4
j) 2 1 8 · 4

3 a) 3 · 5 = ____
3 · 7 = ____
5 · 4 = ____
5 · 8 = ____
6 · 5 = ____
6 · 4 = ____
6 · 6 = ____
6 · 8 = ____

b) 7 0 4 · 3
c) 4 0 5 · 3
d) 5 1 7 · 3
e) 8 0 4 · 5
f) 4 1 4 · 5
g) 3 1 2 · 5
h) 5 0 4 · 6
i) 3 1 4 · 6
j) 8 1 6 · 6

4 a) 7 · 3 = ____
7 · 4 = ____
7 · 5 = ____
7 · 7 = ____
8 · 6 = ____
8 · 5 = ____
8 · 3 = ____
8 · 7 = ____

b) 4 5 1 · 7
c) 1 3 7 · 7
d) 5 3 1 · 7
e) 2 0 3 3 · 8
f) 1 5 5 1 · 8
g) 1 0 6 7 · 8
h) 1 1 3 3 · 9
i) 1 6 5 1 · 9
j) 1 7 8 1 · 9

2 Ein Übertrag. **3** Zwei Überträge. **4** Zwei oder drei Überträge.

Textverständnis Frage ohne Ergebnis, mit Ergebnis

1

Bäckerei RÜTH

Frage	Kann ich beantworten.	Kann ich nicht beantworten.	Ergebnis
a) Wie viel kosten hier drei Brötchen?	☒	○	90 ct
b) Wie viele Brötchen wurden gestern verkauft?	○	○	______
c) Wie viel kosten vier Brötchen?	○	○	______
d) Wie viele Brötchen erhalte ich für 1,20 €?	○	○	______
e) Wie viel kosten zwei Brote?	○	○	______
f) Wie viel kosten zehn Brötchen?	○	○	______
g) Wie viel kostet bei Rüth ein belegtes Brötchen?	○	○	______

2

Bestellung

Nächste Woche von Montag bis Freitag bitte täglich 6 Brötchen und am Samstag 10 Brötchen.

Familie Uhl

Frage	Kann ich beantworten.	Kann ich nicht beantworten.	Ergebnis
a) Wie viele Brötchen erhält Familie Uhl nächste Woche Mittwoch?	○	○	______
b) Wie viele Brötchen erhält die Familie nächste Woche insgesamt?	○	○	______
c) Wie schwer sind 10 Brötchen?	○	○	______
d) Wie viele Brötchen erhält Familie Uhl diese Woche?	○	○	______

3

Frage	Kann ich beantworten.	Kann ich nicht beantworten.	Ergebnis
a) Wie viel kosten in dieser Bäckerei zwei Hörnchen und eine Brezel?	○	○	______
b) Wie viele Hörnchen hat die Bäckerei heute gebacken?	○	○	______
c) Wie viel kosten hier sieben Brezeln und 20 Brötchen zusammen?	○	○	______
d) Wie viele Hörnchen erhalte ich für 3 €?	○	○	______
e) Wie viele Brezeln erhalte ich für 2 €?	○	○	______
f) Was kannst du hier für 1,10 € kaufen?	○	○	______

Die Fragen beziehen sich immer auf die hier genannten Bäckereien.
Jeweils auch begründen, warum eine Antwort möglich bzw. nicht möglich ist.

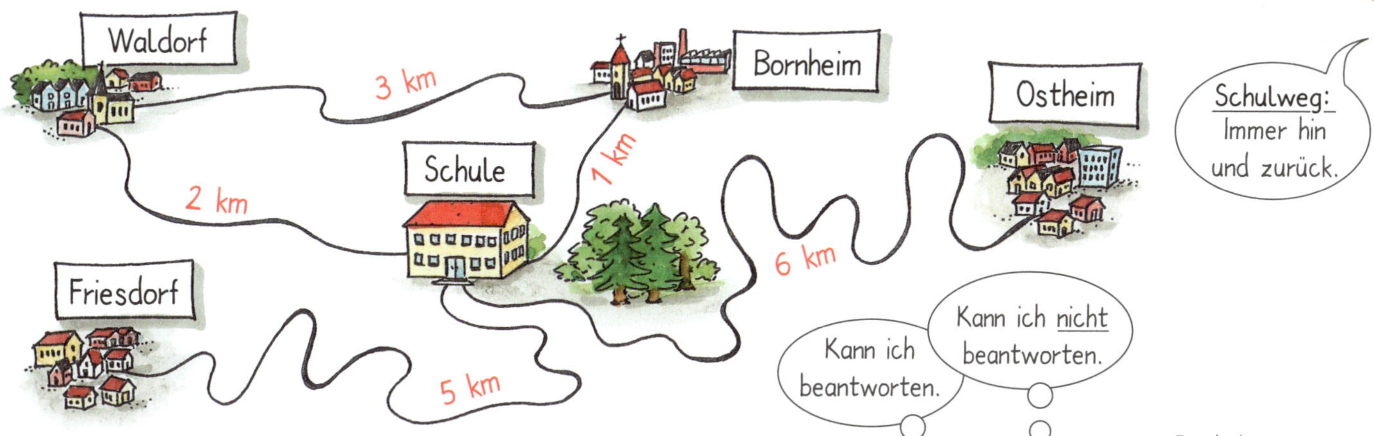

		Kann ich beantworten.	Kann ich nicht beantworten.	Ergebnis
1	a) Jasmin fährt täglich 7 km zur Schule und zurück. Wo wohnt sie?	○	⊗	—
	b) Ulis täglicher Schulweg ist 12 km lang. Wo wohnt er?	○	○	______
	c) Lena geht jeden Tag 30 km zur Schule und zurück. Wo wohnt sie?	○	○	______
	d) Lukas wohnt in Friesdorf. Wie lang ist sein täglicher Schulweg (hin und zurück)?	○	○	______
	e) Vanessa wohnt in Ostheim. Sie will heute Lisa in Waldorf besuchen. Wie viel Kilometer muss sie fahren?	○	○	______
2	a) Jede Woche hat Julian insgesamt 10 km Schulweg zu gehen. Wo wohnt er?	○	○	______
	b) Ira wohnt in Ostheim. In den Herbstferien hat sie im Schulgarten öfter Blumen gegossen. Wie viel Kilometer Weg hatte sie insgesamt?	○	○	______
	c) Die Lehrerin Frau Maxrath wohnt in Friesdorf. Im letzten Schuljahr fuhr sie an 200 Tagen in die Schule. Wie viel Kilometer legte sie insgesamt zurück?	○	○	______
	d) Von den Weihnachtsferien bis zu den Osterferien waren es im letzten Jahr 10 Schulwochen. Wie viele Schultage waren das ungefähr?	○	○	______
	e) Elisabeth wohnt in Waldorf. Sie besucht öfter ihre Oma in Bornheim. Wie viel Kilometer fuhr sie im letzten Monat?	○	○	______

Texte und Skizze im Zusammenhang erfassen. Prüfen, ob die gegebenen Daten ausreichen, die Fragen zu beantworten. Ggf. im Kopf ausrechnen, Ergebnis eintragen.

Kommazahlen schriftlich multiplizieren

1 

Eine Rose kostet 0,81 €.
Wie viel kosten fünf Rosen?

0,	8	1	€	·	5
			,	0	5 €

Zwei Stellen rechts vom Komma für ct.

____

2 Denke an das Komma.

a) 6 · 1 = ____
6 · 7 = ____
2 · 9 = ____
3 · 8 = ____

4 · 5 = ____
4 · 6 = ____
5 · 5 = ____
5 · 7 = ____

b) 0,71 € · 6 = , €

c) 0,72 € · 6 = , €

d) 0,82 € · 3

e) 0,93 € · 2

f) 0,65 € · 4

g) 0,57 € · 5

3 a) 3 · 7 = ____
5 · 6 = ____
6 · 7 = ____
7 · 5 = ____

5 · 8 = ____
7 · 8 = ____
4 · 9 = ____
6 · 2 = ____

b) 1,27 € · 3 = €

c) 1,29 € · 4

d) 2,08 € · 5

e) 2,16 € · 5

f) 7,21 € · 6

g) 8,15 € · 7

4 a) 3 · 2 = ____
8 · 3 = ____
3 · 4 = ____
4 · 5 = ____

8 · 6 = ____
7 · 7 = ____
6 · 8 = ____
6 · 9 = ____

b) 20,15 € · 4 = €

c) 40,22 € · 3

d) 61,23 € · 8

e) 72,21 € · 7

f) 105,24 € · 2

g) 218,19 € · 6

Zehner- und Hunderterzahlen schriftlich multiplizieren

1 Die Nordschule verbraucht täglich etwa 30 Flaschen Wasser. Wie viele Flaschen braucht sie für 182 Schultage im Jahr? ______

1	8	2	·	3	0
				6	0

mal 10

2 Multipliziere mit Zehnerzahlen.

a) 4 · 6 = ____
3 · 7 = ____
4 · 7 = ____
8 · 7 = ____

3 · 8 = ____
4 · 8 = ____
7 · 8 = ____
6 · 9 = ____

b) 72 · 30 = ___0
c) 93 · 30 = ___0
d) 81 · 30 = ___0

e) 72 · 80
f) 93 · 60
g) 81 · 70

h) 182 · 40
i) 162 · 40
j) 127 · 40

3 a) 5 · 8 = ____
5 · 9 = ____
6 · 6 = ____
7 · 4 = ____

7 · 9 = ____
8 · 5 = ____
9 · 9 = ____
6 · 7 = ____

b) 209 · 50
c) 307 · 60
d) 408 · 70

e) 218 · 50
f) 316 · 60
g) 219 · 70

h) 271 · 80
i) 361 · 90
j) 752 · 80

4 Multipliziere mit Hunderterzahlen.

a) 3 · 7 = ____
3 · 8 = ____
3 · 9 = ____
4 · 5 = ____

4 · 4 = ____
7 · 6 = ____
9 · 3 = ____
9 · 9 = ____

b) 72 · 300 = ___00
c) 83 · 300 = ___00
d) 91 · 300 = ___00

e) 72 · 800
f) 61 · 700
g) 54 · 400

h) 121 · 400
i) 207 · 600
j) 319 · 900

Kilometer und Meter Kommaschreibweise

Das Komma trennt Kilometer und Meter.

1 Trage in die Tabelle ein. Schreibe mit Komma.

		Kilometer H	Kilometer Z	Kilometer E	Meter H	Meter Z	Meter E	
a)	1 km 50 m			1		5	0	1,050 km
	1 km 75 m			1		7	5	
	1 km 5 m			1			5	
	11 km 105 m		1	1	1	0	5	
	15 km 9 m							
	25 km 60 m							
	190 km 999 m							
b)	1 km 500 m							1,500 km
	1 km 300 m							
	10 km 250 m							
	12 km 125 m							
	30 km 705 m							
	100 km 375 m							
	250 km 600 m							

2 Wandle um. Schreibe mit Komma.

1 km = 1 000 m

		Kilometer H	Kilometer Z	Kilometer E	Meter H	Meter Z	Meter E	
a)	65 m					6	5	0,065 km
	6 m						6	
	95 m					9	5	
	650 m				6	5	0	
	6 006 m							
	60 650 m							
	650 600 m							
b)	10 500 m							
	15 250 m							
	125 000 m							
	130 500 m							
	150 550 m							
	50 750 m							
	5 755 m							

Drei Stellen rechts vom Komma.

1 Wie lang sind die Strecken?

a) ⊢————⊣ 10 cm

b) ⊢————⊣ ___ cm

c) ⊢————⊣ ___ cm

d) ⊢————⊣ ___ cm

e) ⊢————⊣ ___ cm

f) ⊢————⊣ ___ cm

2 Wie lang sind die Strecken?

a) ⊢————⊣ 7 cm = 70 mm

b) ⊢————⊣ ___ cm = ___ mm

c) ⊢————⊣ ___ cm = ___ mm

d) ⊢————⊣ ___ cm = ___ mm

e) ⊢————⊣ ___ cm = ___ mm

3

a) ⊢————⊣ 3 cm 5 mm = 35 mm

b) ⊢————⊣ ___ cm ___ mm = ___ mm

c) ⊢————⊣ ___ cm ___ mm = ___ mm

d) ⊢————⊣ ___ cm ___ mm = ___ mm

e) ⊢————⊣ ___ cm ___ mm = ___ mm

4 Zeichne die Strecken.

a) 100 mm

b) 120 mm

c) 108 mm

d) 93 mm

5 Wandle um und zeichne.

a) $2\frac{1}{2}$ cm = 25 mm

b) $4\frac{1}{2}$ cm = ___ mm

c) $10\frac{1}{2}$ cm = ___ mm

d) $6\frac{1}{2}$ cm = ___ mm

Mit einem Lineal messen und mit spitzem Bleistift zeichnen.

Rechte Winkel

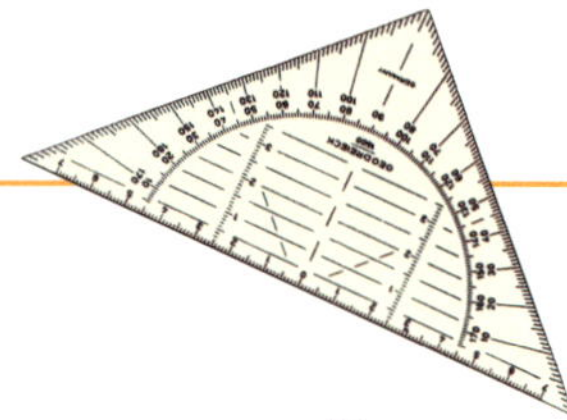

1 Wo siehst du rechte Winkel? Prüfe und kennzeichne.

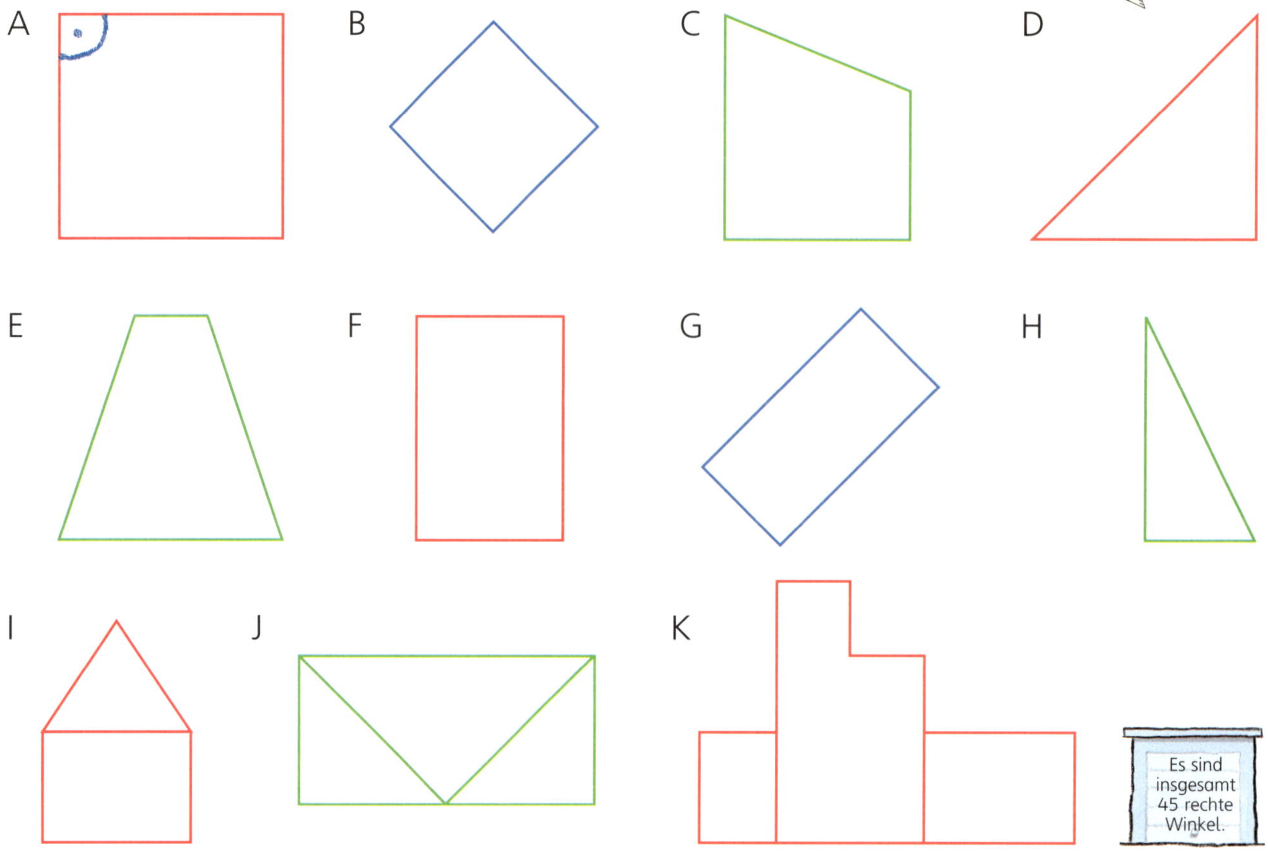

2 Zeichne mit dem Geodreieck eigene Figuren mit rechten Winkeln.

2 Den Partner/die Partnerin prüfen lassen.

Parallele Linien

1 Welche Linien verlaufen parallel? Färbe sie mit derselben Farbe.

a)

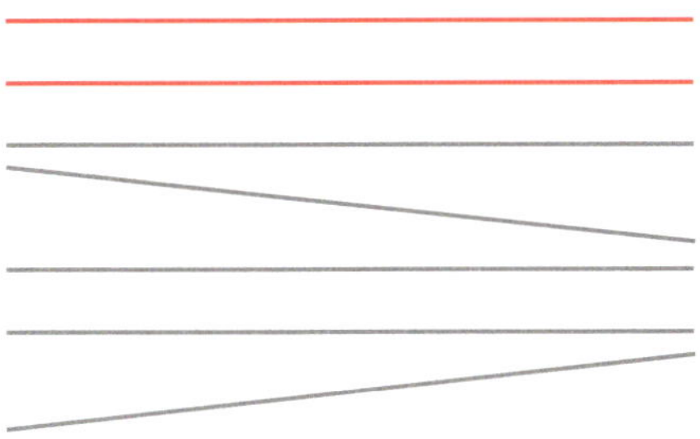

b)

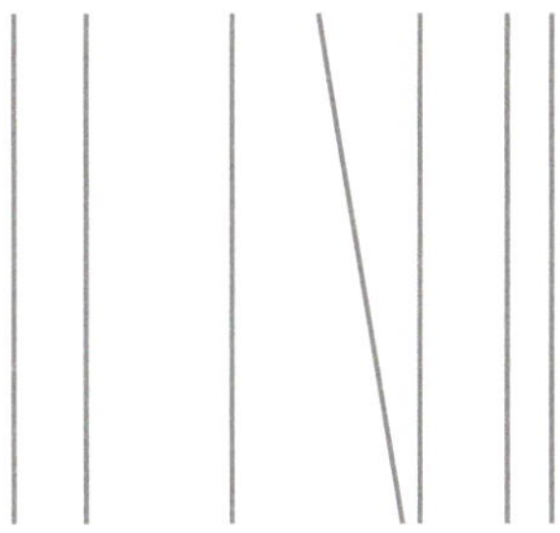

c)

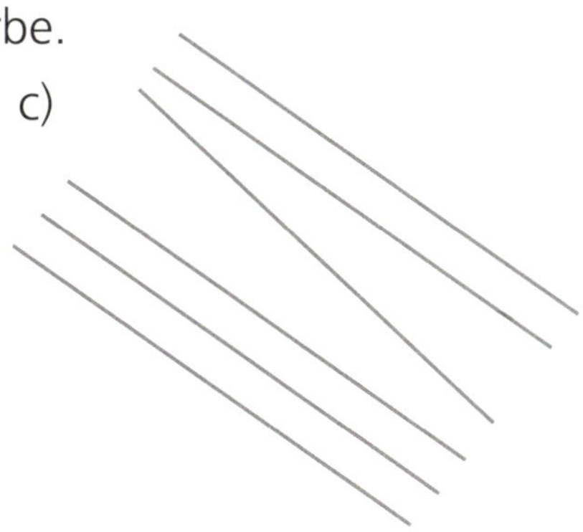

2 Zeichne jeweils zwei weitere parallele Linien.

a)

b)

c)

3 Zeichne die Figuren ab. Färbe parallele Seiten mit derselben Farbe.

A

B

C

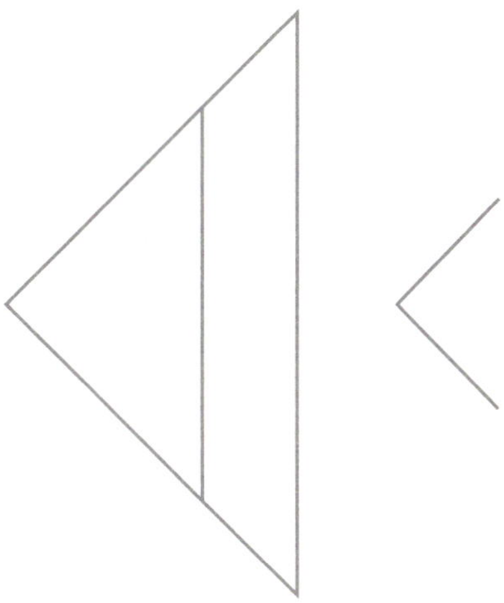

D

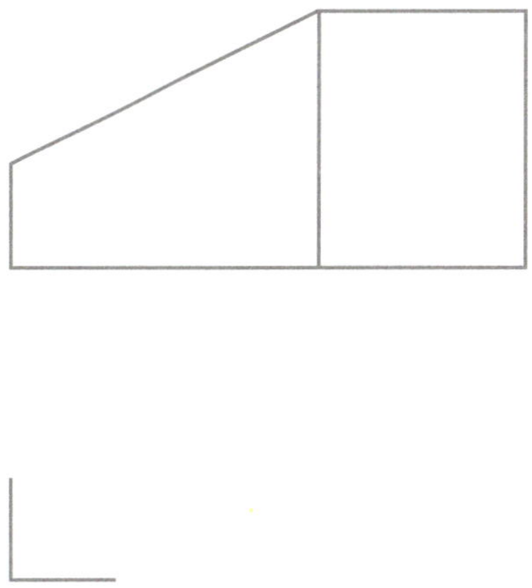

Mit einer zweistelligen Zahl schriftlich multiplizieren

1 a)
2 · 2 = ____
20 · 2 = ____
20 · 3 = ____
20 · 4 = ____

30 · 2 = ____
30 · 6 = ____
50 · 2 = ____
50 · 6 = ____

b) 43 · 21

4	3	·	2	1
		8	6	0
			4	3
				3

addiere

c) 24 · 21

2	4	·	2	1
				0

d) 24 · 12

2	4	·	1	2
				0

e) 62 · 13

f) 62 · 31

g) 62 · 52

2 a)
4 · 5 = ____
3 · 7 = ____
5 · 7 = ____
4 · 8 = ____
4 · 9 = ____

30 · 3 = ____
60 · 5 = ____
20 · 7 = ____

50 · 7 = ____
30 · 8 = ____
40 · 8 = ____

b) 132 · 32

c) 121 · 34

d) 202 · 31

e) 712 · 25

f) 809 · 34

g) 505 · 64

h) 181 · 42

i) 280 · 42

j) 271 · 53

3 a)
50 · 4 = ____
40 · 5 = ____
80 · 5 = ____
80 · 6 = ____
90 · 6 = ____

80 · 7 = ____
90 · 7 = ____
90 · 8 = ____

20 · 9 = ____
40 · 9 = ____
80 · 9 = ____

b) 512 · 43

c) 92 · 24

d) 823 · 13

e) 817 · 96

f) 706 · 85

g) 915 · 44

h) 431 · 56

i) 167 · 93

j) 951 · 84

Erst mit der Zehnerzahl multiplizieren, dann mit der Einerzahl.

1

a) 301 · 132
30100
9030
602
(addiere)

b) 213 · 132
00
0

c) 432 · 211
00
0

d) 612 · 423

e) 721 · 324

f) 820 · 342

2

a) 532 · 103
53200 (mal 100)
0000 (mal 0)
1596 (mal 3)
(addiere)

b) 36 · 213

c) 825 · 312

d) 605 · 445

e) 913 · 722

f) 724 · 996

3

a) 472 · 111

b) 625 · 222

c) 26 · 333

d) 812 · 444

e) 905 · 616

f) 534 · 727

4

1 bis **3** Auf sofortige Selbstkontrolle achten.

Kommazahlen schriftlich multiplizieren

1

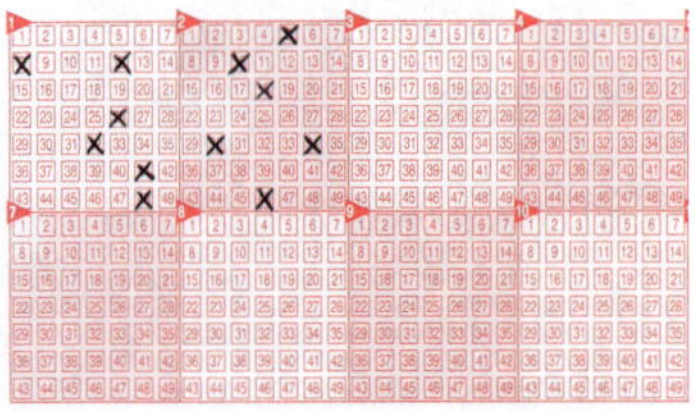

Opa Krause spielt jede Woche für 7,50 € Lotto. Ein Jahr hat 52 Wochen.

7,50 € · 52
3750 0
1500
0 €

2 Vergiss das Komma nicht.

a) 1,31 € · 52 (0; €)

b) 2,01 € · 52 (€)

c) 4,11 € · 52 (€)

d) 4,26 € · 12

e) 3,18 € · 21

f) 0,83 € · 12

3

a) 2,43 € · 36 (€)

b) 3,52 € · 45

c) 0,54 € · 27

d) 9,17 € · 56

e) 8,26 € · 73

f) 7,09 € · 48

4

a) 92,35 € · 32 (€)

b) 212,50 € · 42

c) 210,30 € · 52

d) 82,00 € · 63

e) 608,25 € · 21

f) 521,75 € · 34

	Übernachtung	Abendessen
Erwachsene	19 €	6,50 €
Kinder	14 €	4,50 €

1 Herr Ohme bezahlt für die Übernachtung seiner Kinder 42 €.

Frage: Wie viele Kinder sind es?

42 € − 14 € = 28 €

28 € − 14 € =

Antwort: ______

2 Familie Kahl bezahlte für die Übernachtung ihrer Kinder 56 €.

Frage: Wie viele Kinder hatte sie bei sich?

Antwort: ______

3 Die Klasse 4c bucht für 25 Kinder eine Übernachtung.

Frage: ______

Antwort: ______

4 Die Klasse 4b bucht zwei Übernachtungen für 21 Kinder.

Frage: ______

Antwort: ______

5 Die Klasse 4d möchte mit 23 Kindern zu Abend essen. In der Klassenkasse sind noch 100 €.

Frage: ______

Antwort: ______

6 Für ein weiteres Kind bucht die Klasse 4a noch drei Übernachtungen.

Frage: ______

Antwort: ______

Kilogramm und Tonne

Kommaschreibweise

Das Komma trennt Tonne und Kilogramm.

1 Trage in die Tabelle ein. Wie heißt die Zahl?

	Tonne H	Tonne Z	Tonne E	Kilogramm H	Kilogramm Z	Kilogramm E	
a) 4 t 50 kg			4		5	0	4,050 t
4 t 300 kg			4	3	0	0	
5 t 500 kg			5	5	0	0	
6 t			6				
10 t 900 kg							
12 t 60 kg							
125 t							
b) 2 t							
3 t 500 kg							
5 t 600 kg							
7 t 500 kg							
10 t							
11 t 111 kg							
250 t							

2 Wandle um. Schreibe mit Komma.

1 t = 1 000 kg

	Tonne H	Tonne Z	Tonne E	Kilogramm H	Kilogramm Z	Kilogramm E	
a) 100 kg				1	0	0	0,100 t
50 kg					5	0	
750 kg				7	5	0	
4 800 kg			4	8	0	0	
6 250 kg							
10 500 kg							
12 200 kg							
b) 9 090 kg							
850 kg							
8 120 kg							
16 550 kg							
150 kg							
133 430 kg							
120 650 kg							

1 Verbinde immer die zwei passenden Karten.

a) 1 100 g | 1 010 g | 10 110 g | 1 101 g | 10 010 g

10 kg 110 g | 1 kg 10 g | 1 kg 100 g | 10 kg 10 g | 1 kg 101 g

b) 2 kg 500 g | 20 kg 500 g | 2 kg 50 g | 2 kg 5 g | 20 050 g

2,500 kg | 2,050 kg | 20,050 kg | 20,500 kg | 2,005 kg

c) 750 g | 1,750 kg | 17 500 g | 7 kg 750 g | 7,500 kg

1 kg 750 g | 0,750 kg | 7 500 g | 7,750 kg | 17,500 kg

1 kg = 1 000 g

2 Finde jeweils eine weitere Schreibweise.

a)

5 000 g	
3 500 g	
12 000 g	
6 kg 400 g	
35 kg 500 g	
8 kg 375 g	

b)

4 kg 60 g	
1 kg 75 g	
500 g	
9,500 kg	
0,250 kg	
3,080 kg	

Textverständnis

Welche Rechnung passt? Kreuze an. Rechne und antworte.

1 Eine Zuckerrübe enthält etwa 100 g Zucker. Wie viel Zucker enthalten 10 Rüben?

- [x] 100 g · 10 = 1000 g
- [ ] 100 g : 10 = ______ g

Antwort: 10 Rüben enthalten ______

2 Aus 300 t Zuckerrüben gewinnt man 42 t Zucker. Wie viele 1-kg-Pakete sind das?

- [ ] 300 t + 42 t = ______ t
- [ ] 42 t = ______ kg
- [ ] 42 t · 300 = ______ g

Antwort: ______

3 Ein Lkw hat bei jeder Fahrt etwa 22 t Rüben geladen. Er fährt 20-mal. Wie viele Tonnen Rüben sind das?

- [ ] 22 t : 20 = ______ t
- [ ] 22 t + 20 = ______ t
- [ ] 22 t · 20 = ______ t

Antwort: ______

4 In einen Waggon passen 24 t Rüben. Wie viele Tonnen Rüben können von acht Waggons transportiert werden?

- [ ] 24 t – 8 t = ______ t
- [ ] 8 · 24 t = ______ t
- [ ] 24 t : 8 = ______ t

Antwort: ______

5 Im Geschäft kosten 10 kg Zucker 9 €. Wie viel kostet 1 kg Zucker?

- [ ] 90 ct : 10 = ______
- [ ] 10 · 90 ct = ______
- [ ] 9,00 € : 10 = ______

Antwort: ______

6 Landwirt Heck erhält von der Fabrik für 1 t Rüben 50 €. Wie viel bekommt er für 5 t?

- [ ] 5 · 50 € = ______
- [ ] 50 € : 5 = ______
- [ ] 5 000 · 50 € = ______

Antwort: ______

7 Bauer Schmitz erhielt für 20 Tonnen Rüben 1000 €. Wie viel zahlte die Fabrik für eine Tonne?

- [ ] 20 · 1 000 € = ______
- [ ] 1 000 € : 100 = ______
- [ ] 1 000 € : 20 = ______

Antwort: ______

1 Zeichne um jeden Punkt einen Kreis mit dem Radius 2 cm.

a)

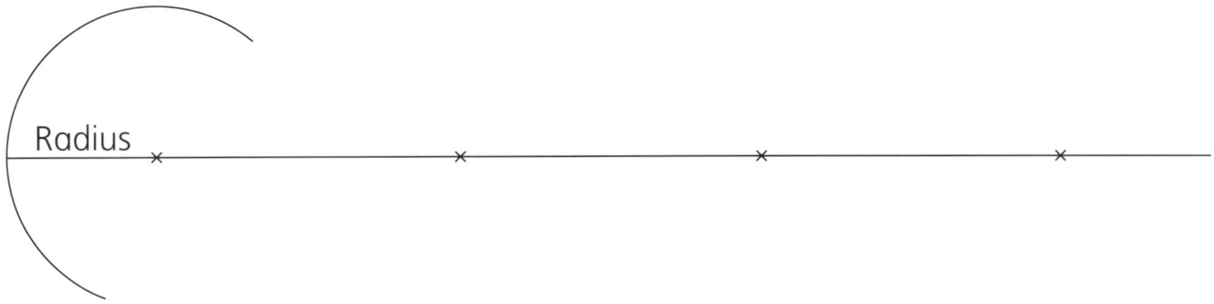

b)

2 Setze die Muster fort. Male sie an.

a)

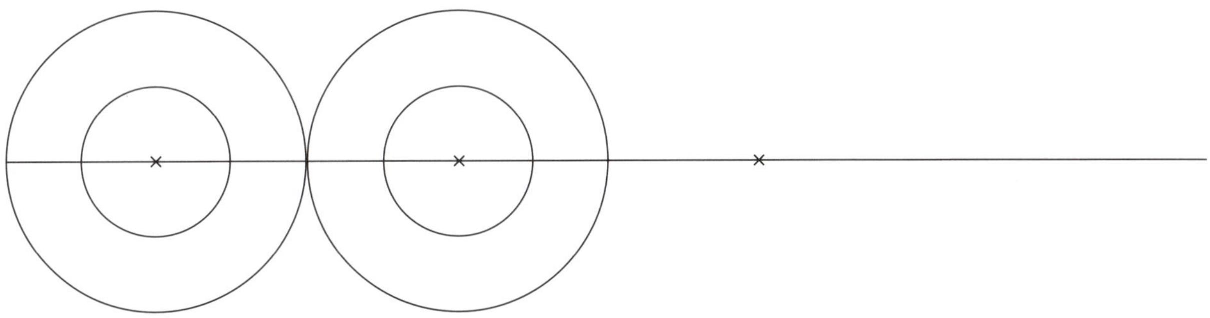

b)

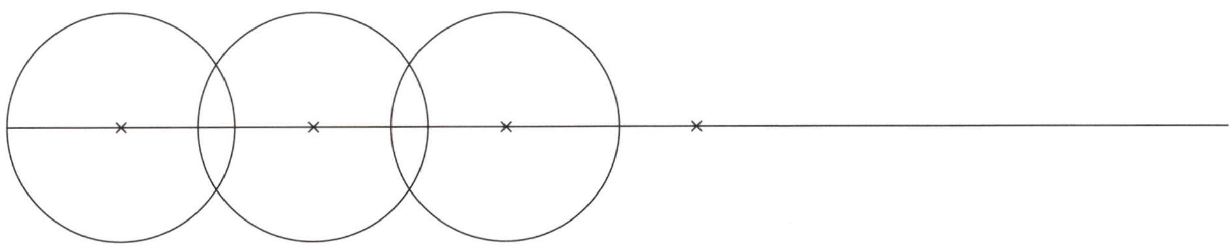

c)

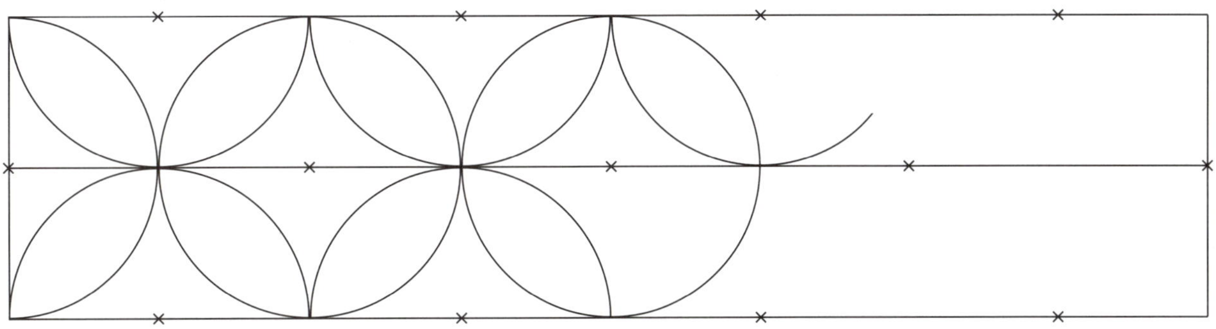

Textverständnis

1 Welche Rechengeschichte passt? Kreuze an.

a) 56 : 2 = ____

- Marie und Luisa wiegen zusammen 56 kg. Luisa hat 2 kg zugenommen. ○
- Die Bäckerei verbrauchte in der letzten Woche 56 kg Zucker. In dieser Woche ist es doppelt so viel. ○
- Frau Sommer wiegt 56 kg. Ihr Sohn wiegt halb so viel. ○

b) 3000 – 325 = ____

- Familie Schnell ist auf einer Wanderung. Nach 3 km will sie eine Pause machen. Jan hat 325 Bäume gezählt. ○
- Jana läuft 3 km in 325 Minuten. Tom schafft nur die Hälfte. ○
- Fabian fährt zum Schwimmbad. Es liegt 3 km entfernt. 325 m hat er schon geschafft. ○

c) 4750 + 300 = ____

- Ein Auto soll 4750 € kosten. Der Händler gibt es Familie Voss 300 € billiger. ○
- Familie Wolf hat ein Auto für 4750 € gekauft. Für die Reifen muss sie noch 300 € bezahlen. ○
- Das Auto ist 4750 km gefahren. In der letzten Woche waren es 300 km. ○

2 Kreuze die passende Rechengeschichte an.

a) 9 · 26 = ____

- Die 4. Klasse hat in der Woche 26 Stunden Unterricht. Bis zu den nächsten Ferien sind es noch neun Wochen. ○
- In der Klasse 3a sind 26 Kinder. Sie erhält neun E-Mails von der Partnerklasse. ○
- Jessica hat 26 € gespart. Sie bekommt pro Monat 9 € Taschengeld. ○

b) 216 : 6 = ____

- 216 Kinder fahren in den Zoo. Sechs Kinder dürfen nicht mitfahren. ○
- Die Südschule fährt mit 216 Kindern in die Jugendherberge. Immer sechs Kinder schlafen in einem Zimmer. ○
- Die Schule bestellt 216 Mathematikbücher. Es kommen noch sechs Förderhefte dazu. ○

c) 3 · 20 + 5 = ____

- Die Klasse 4b geht mit drei Lehrerinnen und fünf Müttern ins Theater. ○
- 20 Klassen gehen ins Theater. In jeder Klasse sind fünf Kinder. ○
- Es gehen drei Klassen mit insgesamt fünf Begleitern ins Theater. In jeder Klasse sind 20 Kinder. ○

Halbschriftlich dividieren

1 a)

· 4	
10	
100	
200	
60	
40	
80	
70	
90	

b) 640 : 4
400 : 4 =
240 : 4 =
640 : 4 =

c) 680 : 4
400 : 4 =
280 : 4 =
680 : 4 =

d) 760 : 4
400 : 4 =

e) 960 : 4
800 : 4 =

f) 840 : 4
800 : 4 =

g) 560 : 4
400 : 4 =

120 140 160 170 190 210 240

2 a)

· 8	
50	
500	
60	
600	
70	
700	
90	
900	

b) 4720 : 8
4000 : 8 =

c) 5200 : 8
4800 : 8 =

d) 2960 : 8
2400 : 8 =

e) 5760 : 8
5600 : 8 =

f) 3440 : 8
3200 : 8 =

g) 4160 : 8
4000 : 8 =

3 a)

· 7	
100	
40	
50	
500	
300	
600	
70	
80	

b) 6790 : 7
6300

c) 2450 : 7
2100

d) 4480 : 7
4200

e) 4060 : 7
3500

f) 3220 : 7
2800

g) 5810 : 7
5600

1 bis **3** a) Vorübungen für b) bis g).

Halbschriftlich dividieren

1 a)

	·3 →
70	
700	
400	
900	
1 000	
2 000	
3 000	
5 000	

b) 6240 : 3
6000

c) 4200 : 3
3000

d) 5700 : 3

e) 9210 : 3

f) 6900 : 3

g) 7800 : 3

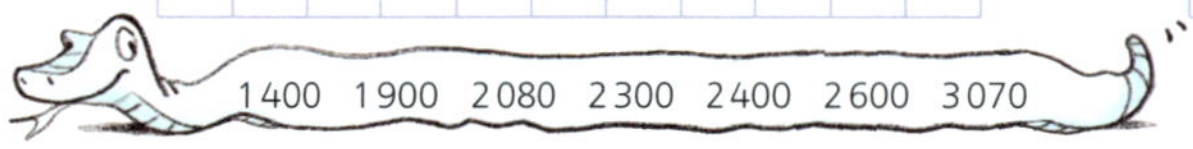

2 a)

	·6 →
20	
200	
50	
500	
60	
600	
300	
400	

b) 1320 : 6
1200

c) 2100 : 6

d) 3360 : 6

e) 5580 : 6

f) 1620 : 6

g) 2880 : 6

220
250
270
350
480
560
930

3 a)

	·9 →
20	
30	
300	
40	
400	
500	
90	
800	

b) 8010 : 9
7200

c) 3960 : 9

d) 2880 : 9

e) 4770 : 9

f) 5580 : 9

g) 6570 : 9

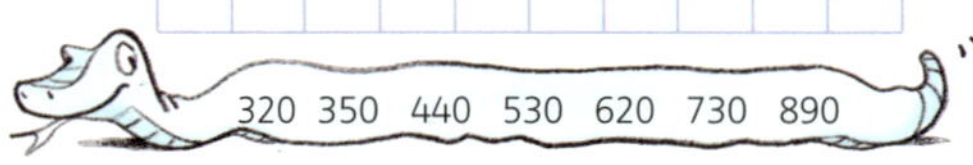

1 bis **3** a) Vorübungen für b) bis g).

1 a) 872 : 2 = 43_

```
  8 7 2 : 2 = 4 3 _
– 8
  0 7
–   6
    1 2
–
```

Immer wieder: erst dividieren, dann multiplizieren, danach subtrahieren.

b) 494 : 2 = 2_

```
  4 9 4 : 2 = 2 _
  4
  0
```

c) 872 : 4 =

d) 472 : 4 =

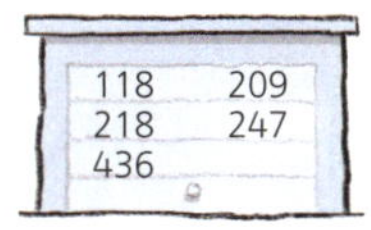

2 a) 966 : 6 = 16_

```
9 6 6 : 6 = 1 6 _
6
3 6
3 6
  0
```

b) 996 : 6 =

```
9 9 6 : 6 =
6
```

c) 756 : 6 =

d) 723 : 3 =

e) 875 : 5 =

f) 994 : 7 =

3 a) 124 : 2 = 6

```
1 2 4 : 2 = 6
1 2
  0 4
```

b) 168 : 2 =

```
1 6 8 : 2 =
1 6
```

c) 186 : 2 =

d) 192 : 6 =

e) 176 : 8 =

f) 196 : 4 =

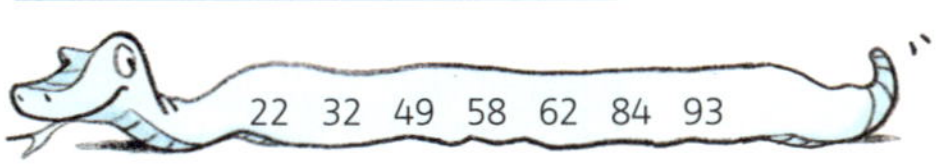

3 Die beiden ersten Stellen zusammenfassen.

Schriftlich dividieren

1

a) 8 6 5 2 : 4 =

b) 6 5 7 5 : 5 =

2

a) 1 6 9 4 : 2 =

b) 2 4 7 6 : 4 =

c) 4 8 7 2 : 6 =

d) 7 2 9 6 : 8 =

e) 2 7 8 4 : 3 =

f) 8 1 9 9 : 9 =

3

a) 1 5 9 8 : 2 =

b) 1 7 4 4 : 4 =

c) 3 3 4 4 : 4 =

d) 4 7 6 8 : 8 =

e) 2 0 7 2 : 8 =

f) 5 6 5 8 : 6 =

2 und **3** Die beiden ersten Stellen zusammenfassen.

1 Wie heißen die Körper?

Trage die Anzahlen der Flächen, Ecken und Kanten ein.

Prisma	
Flächen	5
Ecken	
Kanten	

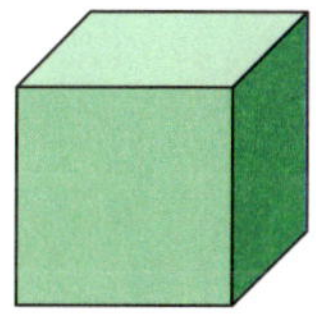

Flächen	
Ecken	
Kanten	

Flächen	
Ecken	
Kanten	

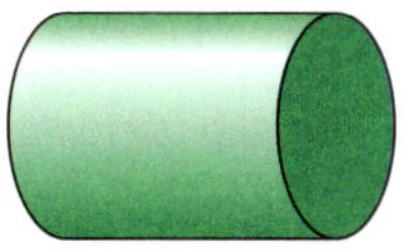

Flächen	
Ecken	
Kanten	

Flächen	
Ecken	
Kanten	

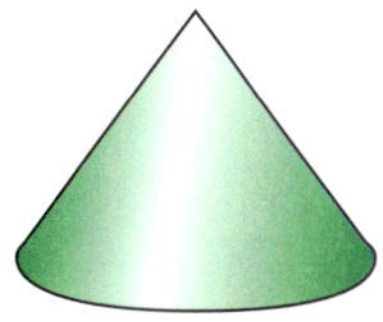

Flächen	
Ecken	
Kanten	

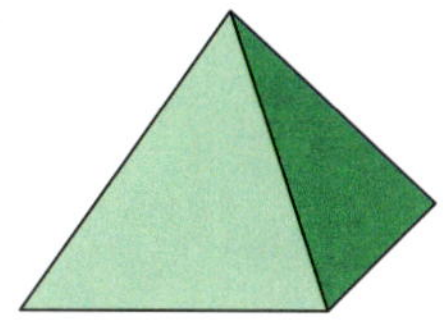

Flächen	
Ecken	
Kanten	

2 Entscheide: **Würfelnetz** oder **Quadernetz.**

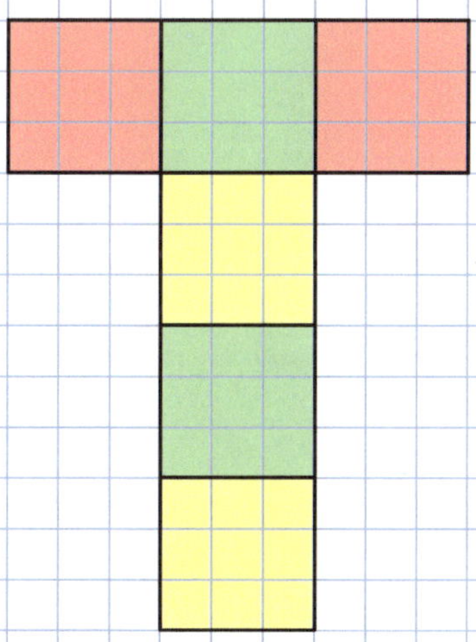

A Würfelnetz

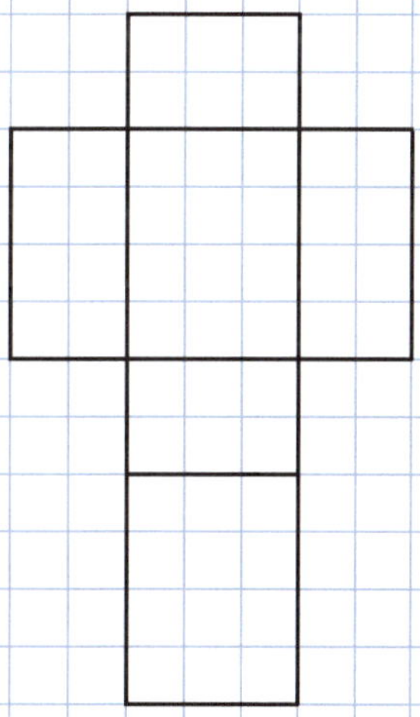

B ____________

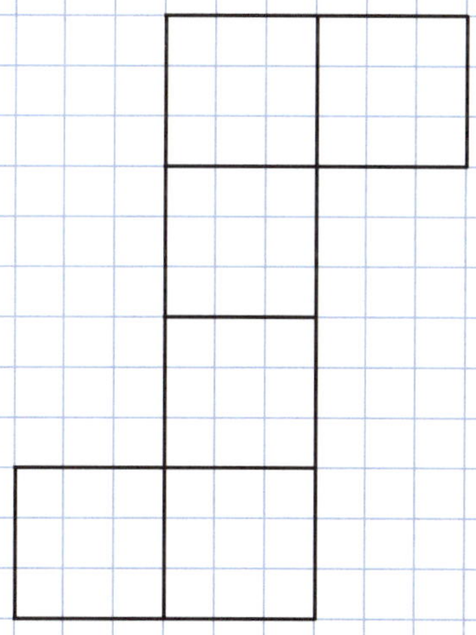

C ____________

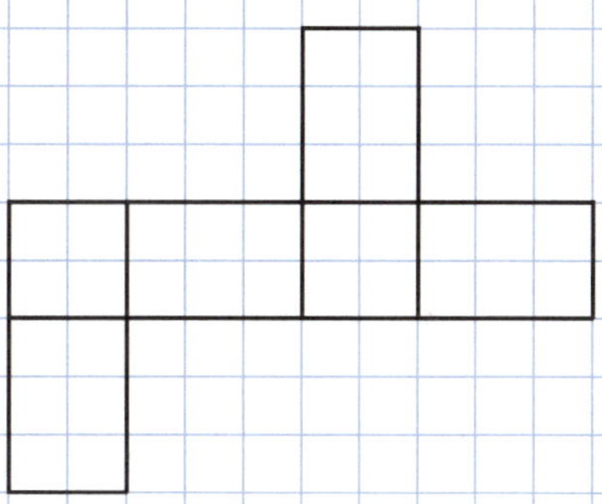

D ____________

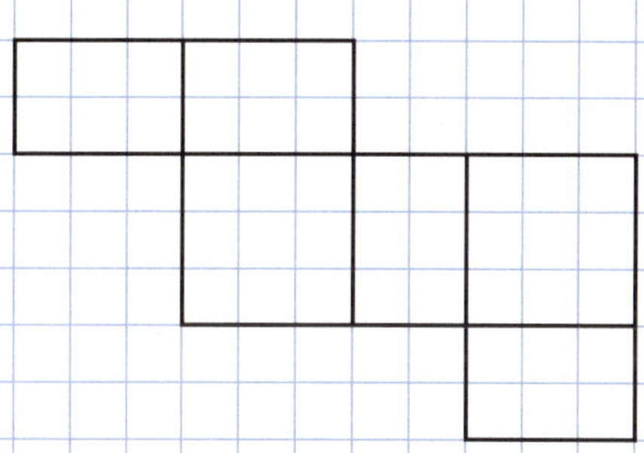

E ____________

1 Zur Ergebniskontrolle Netze auf Karopapier übertragen, ausschneiden und falten. Evtl. gegenüberliegende Flächen gleich anmalen.

Milliliter und Liter

1 a)

1000 ml ______ ml ______ ml ______ ml

b)

______ ml ______ ml ______ ml

2 a)

250 ml ______ ml ______ ml ______ ml

b)

______ ml ______ ml ______ ml

3 Vergleiche.

a)	b)	c)
1 ml (<) 1 l	200 ml ○ $\frac{1}{2}$ l	100 ml ○ $\frac{1}{4}$ l
10 ml ○ 1 l	400 ml ○ $\frac{1}{2}$ l	1 000 ml ○ $\frac{1}{4}$ l
100 ml ○ 1 l	600 ml ○ $\frac{1}{2}$ l	500 ml ○ $\frac{1}{4}$ l
1 000 ml ○ 1 l	1 000 ml ○ $\frac{1}{2}$ l	250 ml ○ $\frac{1}{4}$ l

d)	e)	f)
250 ml ○ 1 l	2 000 ml ○ 1 l	1 500 ml ○ $1\frac{1}{2}$ l
500 ml ○ $\frac{1}{2}$ l	2 500 ml ○ $1\frac{1}{2}$ l	1 250 ml ○ $1\frac{1}{2}$ l
750 ml ○ $\frac{1}{2}$ l	2 500 ml ○ $2\frac{1}{2}$ l	1 250 ml ○ $1\frac{1}{4}$ l
900 ml ○ 1 l	3 000 ml ○ 5 l	1 750 ml ○ $1\frac{1}{2}$ l

10 <
8 >
6 =

Schriftlich dividieren durch Zehnerzahlen

1 a)

	· 30
1	
2	
3	
6	
4	
8	
7	
5	

b) 840 : 30 =

c) 450 : 30 =

d) 510 : 30 =

e) 960 : 30 =

2 a)

	· 60
2	
4	
5	
10	
3	
6	
7	
8	

b) 720 : 60 =

c) 960 : 60 =

d) 4080 : 60 =

e) 4500 : 60 =

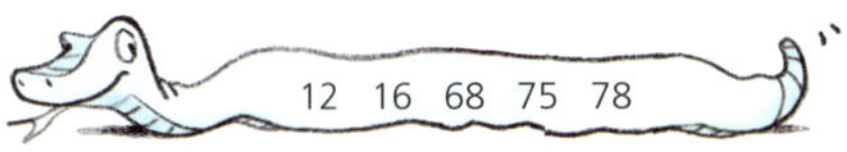

3 a)

	· 90
10	
5	
4	
2	
6	
3	
1	
9	
7	
8	
0	

b) 990 : 90 =

c) 4770 : 90 =

d) 7020 : 90 =

e) 4140 : 90 =

f) 8280 : 90 =

g) 1980 : 90 =

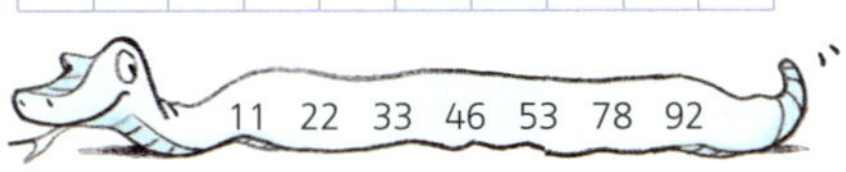

1 bis 3 a) als Hilfsaufgaben für das schriftliche Dividieren nutzen.

Schriftlich dividieren durch Zehnerzahlen

1 a)

· 40	
5	
10	
9	
8	
4	
3	
6	
2	

b) 9 2 0 : 4 0 =

c) 1 4 4 0 : 4 0 =

d) 1 9 6 0 : 4 0 =

e) 2 2 8 0 : 4 0 =

2 a)

· 80	
2	
4	
8	
3	
6	
9	
0	
10	

b) 5 5 2 0 : 8 0 =

c) 5 8 4 0 : 8 0 =

d) 2 2 4 0 : 8 0 =

e) 3 6 0 0 : 8 0 =

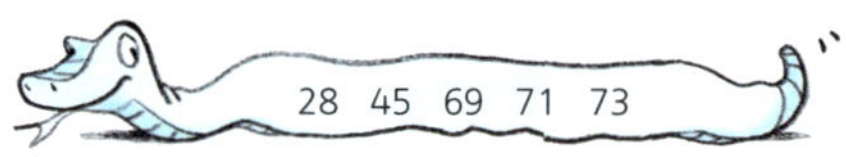

3 a)

· 70	
7	
8	
4	
2	
3	
6	
9	
0	
1	
10	
5	

b) 3 7 8 0 : 7 0 =

c) 1 8 9 0 : 7 0 =

d) 2 7 3 0 : 7 0 =

e) 6 8 6 0 : 7 0 =

f) 4 2 7 0 : 7 0 =

g) 6 0 2 0 : 7 0 =

1 bis 3 a) als Hilfsaufgaben für das schriftliche Dividieren nutzen.

1 Verbinde gleiche Zeitpunkte.

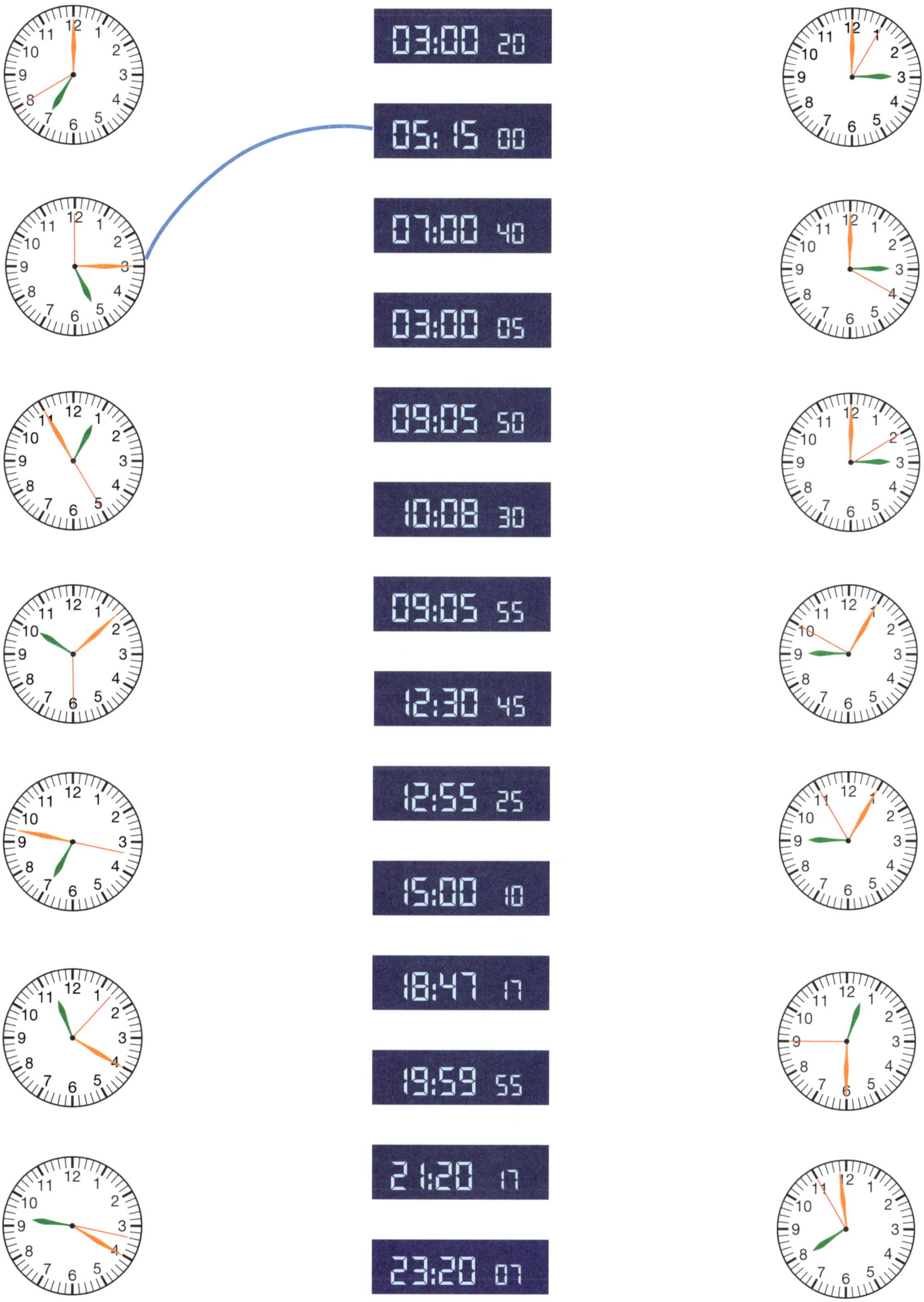

Zeitspannen

1 Wie viel Zeit ist vergangen?

a)
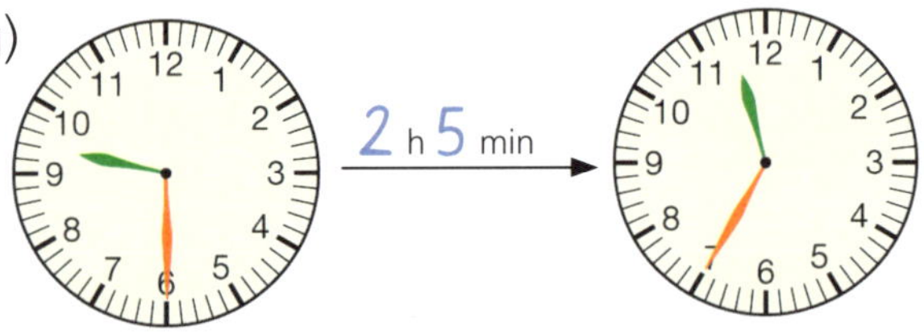

09:30 Uhr

b)
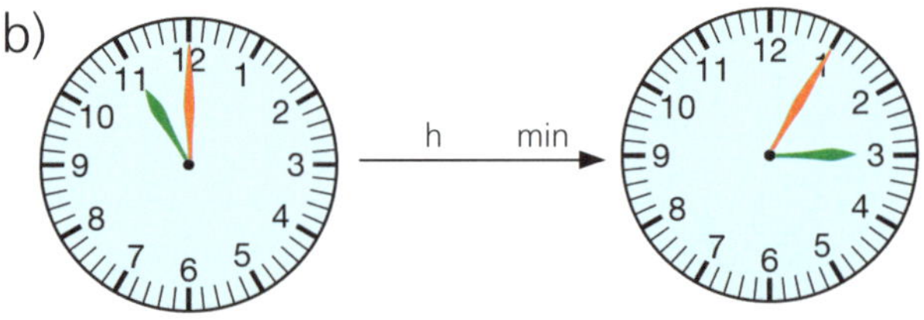

c)
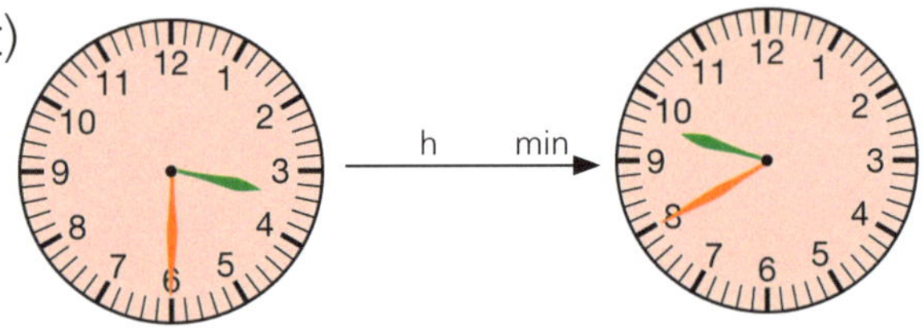

d)
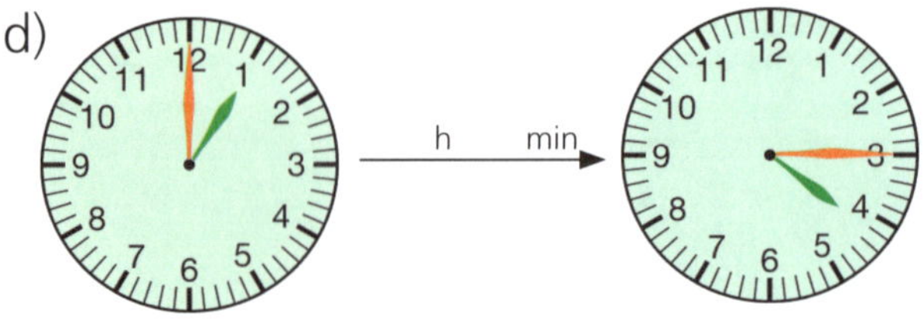

e)
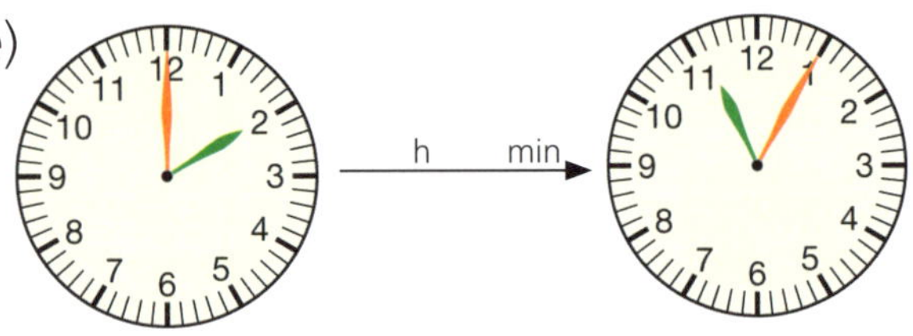

f)
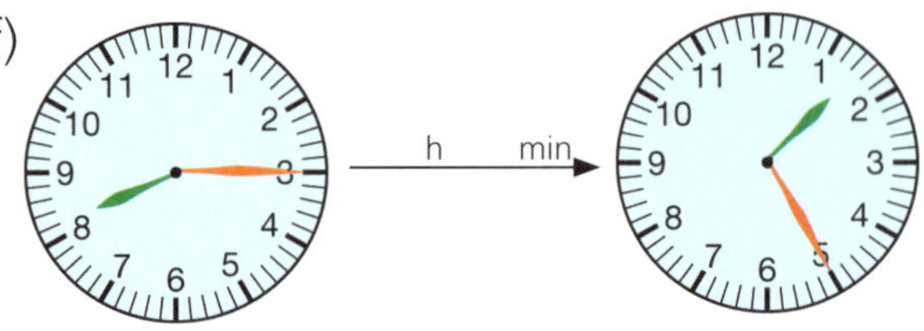

g)
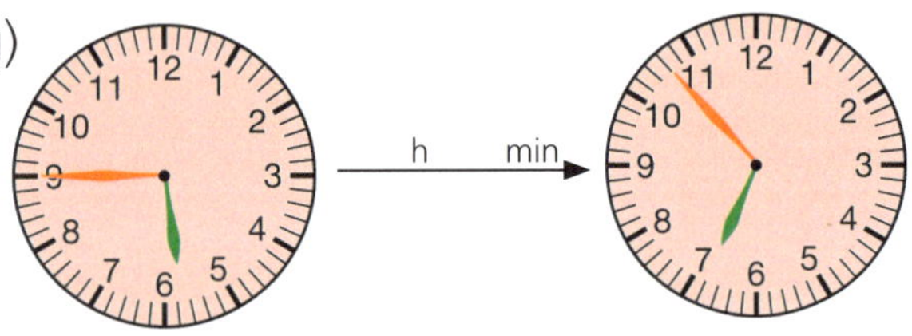

h)
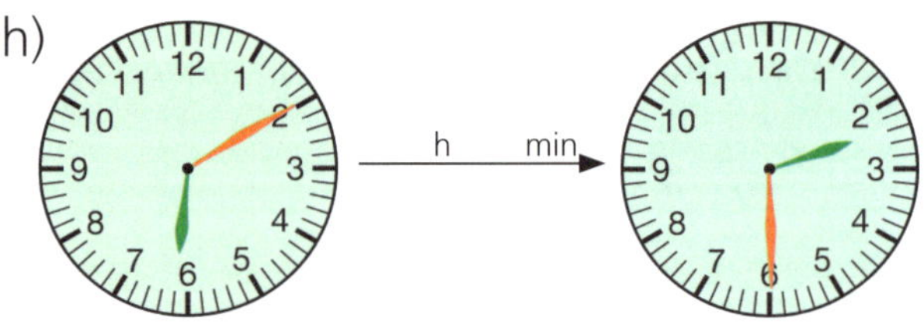

2 Verbinde gleiche Zeitspannen.

a)

1 Jahr	1 Woche	24 Monate	28 Tage
7 Tage	52 Wochen	4 Wochen	2 Jahre

b)

1 Tag	12 Stunden	6 Stunden	365 Tage	5 min
24 Stunden	1 Jahr	$\frac{1}{2}$ Tag	300 s	360 min

1 Evtl. Zeiten an einer Spieluhr einstellen.

1 Wie groß sind die Flächen? Zeichne **Zentimeterquadrate** ein.

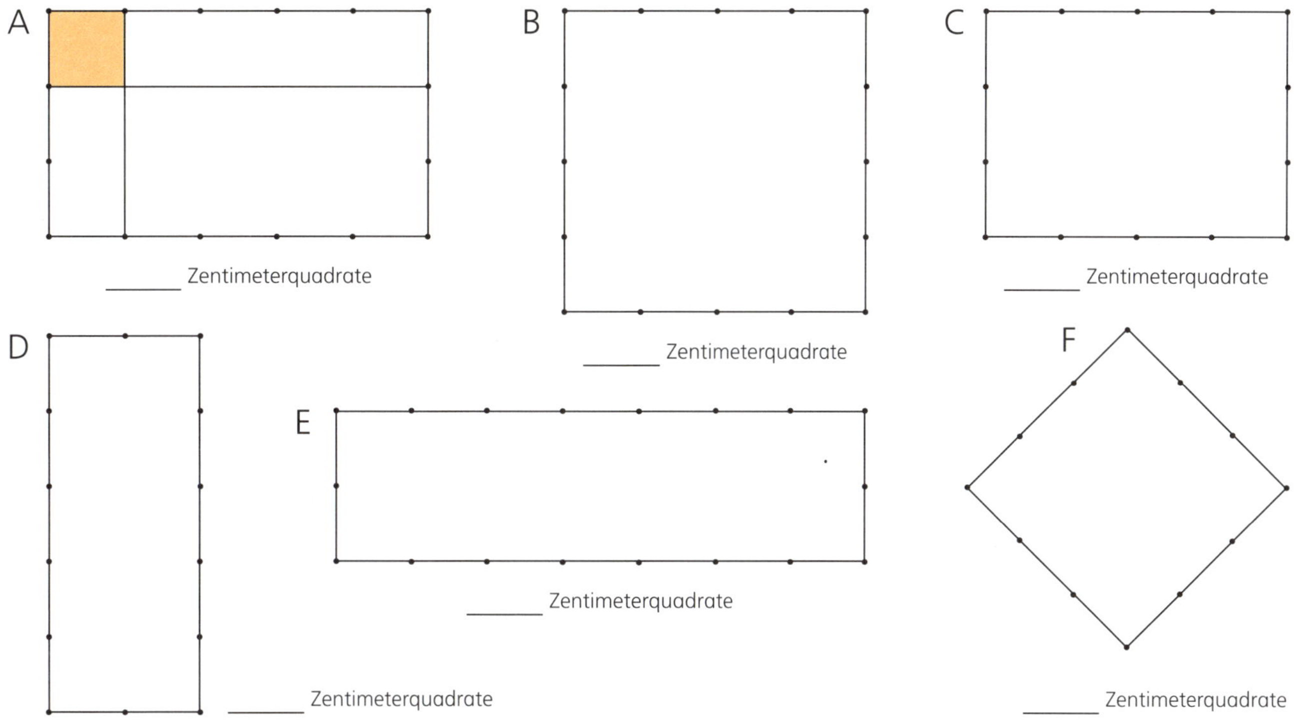

Die kleinste Fläche hat ____ Zentimeterquadrate.

Die größte Fläche hat ____ Zentimeterquadrate.

2 Der Käfer umläuft die Fläche. Zeichne den **Umfang** grün nach.

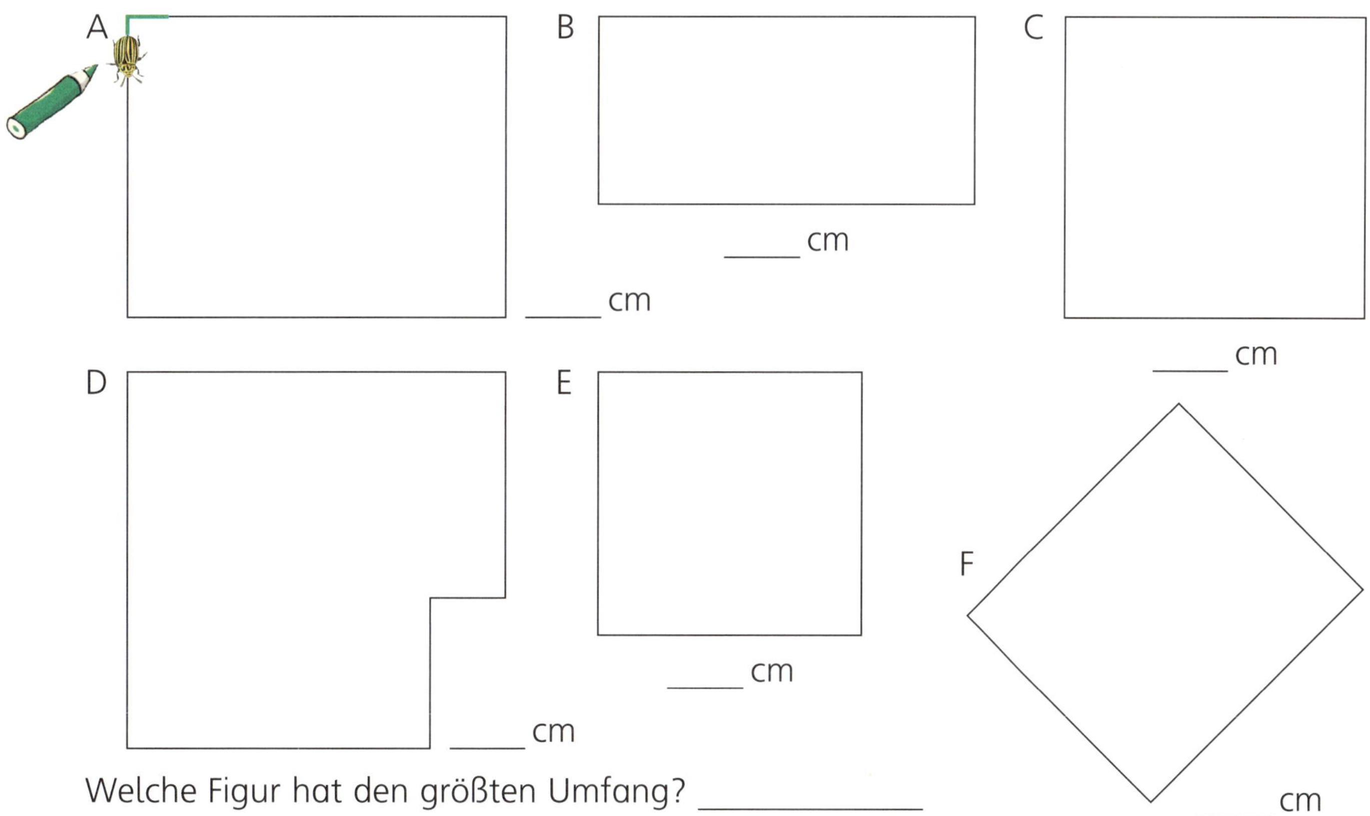

Welche Figur hat den größten Umfang? ____________

Welche Figur hat den kleinsten Umfang? ____________

1 Mit Geodreieck zeichnen.

Vergrößern und Verkleinern

1 Zeichne die Figuren vergrößert. Jede Linie doppelt so lang.

a)

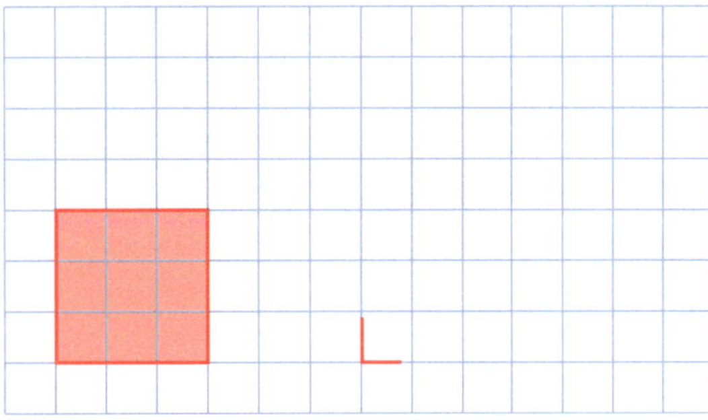

b)

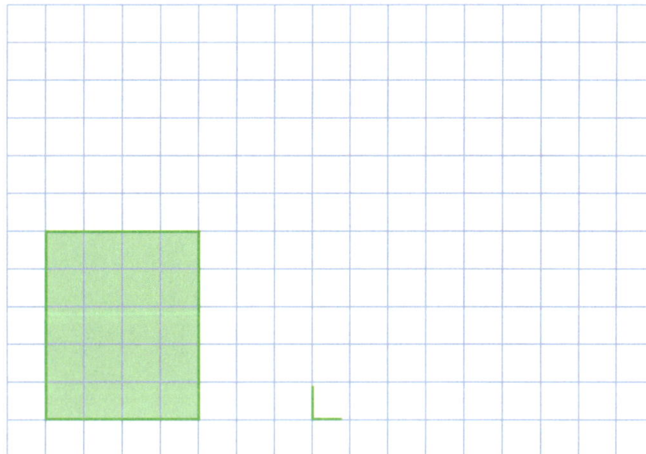

c)

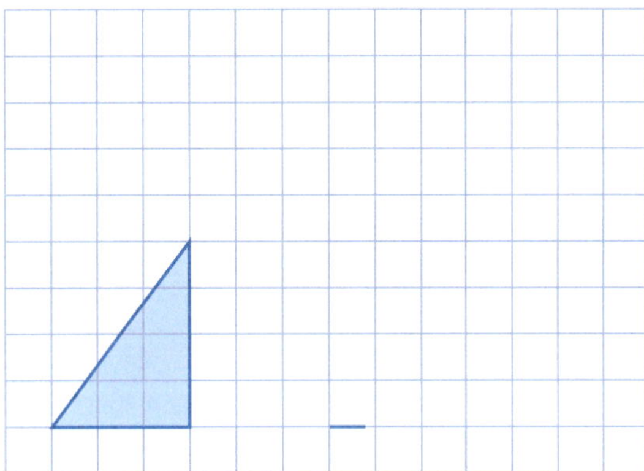

d)

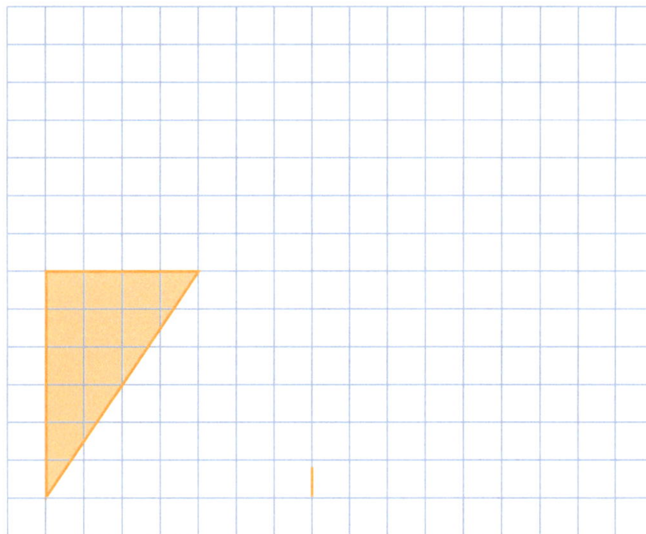

2 Zeichne die Figuren verkleinert. Jede Linie halb so lang.

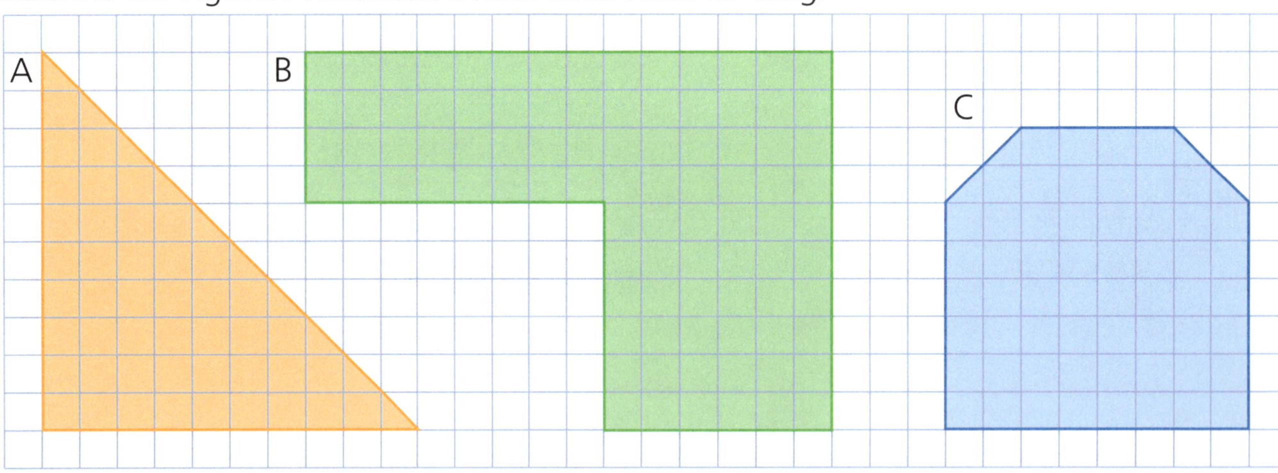

Lösungen der Seiten 1 bis 9

Vier Rechenarten

1 Welche Rechenzeichen passen?

a) 6 – 3 = 3, 6 + 3 = 9, 6 : 3 = 2, 6 · 3 = 18
b) 60 – 30 = 30, 60 + 30 = 90, 60 : 30 = 2, 6 · 30 = 180
c) 150 + 50 = 200, 150 – 50 = 100, 150 : 50 = 3, 5 · 50 = 250
d) 35 : 7 = 5, 35 – 7 = 28, 35 + 7 = 42, 5 · 7 = 35
e) 320 + 80 = 400, 320 – 80 = 240, 320 : 80 = 4, 4 · 80 = 320
f) 100 + 50 = 150, 100 – 50 = 50, 100 : 50 = 2, 10 · 50 = 500

2 a) 9 + 3 = 12, 9 – 3 = 6, 9 · 3 = 27, 9 : 3 = 3
b) 8 – 4 = 4, 8 + 4 = 12, 8 : 4 = 2, 8 · 4 = 32
c) 10 : 5 = 2, 10 · 5 = 50, 10 – 5 = 5, 10 + 5 = 15
d) 8 + 2 = 10, 8 – 2 = 6, 8 · 2 = 16, 8 : 2 = 4

3 a) 90 : 3 = 30, 90 · 3 = 270, 90 – 3 = 87, 90 + 3 = 93
b) 90 : 30 = 3, 90 – 30 = 60, 90 + 30 = 120, 9 · 30 = 270
c) 80 · 4 = 320, 80 : 4 = 20, 80 + 4 = 84, 80 – 4 = 76
d) 80 : 40 = 2, 80 + 40 = 120, 80 – 40 = 40, 8 · 40 = 320

4 a) 280 : 7 = 40, 280 – 7 = 273, 280 + 7 = 287
b) 180 : 60 = 3, 180 + 60 = 240, 180 – 60 = 120
c) 350 + 50 = 400, 350 – 50 = 300, 350 : 50 = 7
d) 420 – 60 = 360, 420 : 60 = 7, 420 + 60 = 480
e) 180 – 9 = 171, 180 : 9 = 20, 180 + 9 = 189
f) 240 + 80 = 320, 240 – 80 = 160, 240 : 80 = 3
g) 100 : 10 = 10, 100 + 10 = 110, 100 – 10 = 90
h) 490 + 70 = 560, 490 : 70 = 7, 490 – 70 = 420

5

a)

:	9	3	90	30
90	10	30	1	3
270	30	90	3	9

b)

:	4	8	40	80
160	40	20	4	2
320	80	40	8	4

c)

:	3	6	30	60
180	60	30	6	3
300	100	50	10	5

Die vier Grundrechenarten im Zusammenhang mit den gleichen Zahlen üben.
2 und 3 Ergebnisse mit den Kontrollzahlen vergleichen. Passende Kontrollzahlen durchstreichen.

Schriftlich addieren

1 a) 372 + 212 = 584 b) 450 + 129 = 579 c) 253 + 43 = 296 d) 821 + 75 = 896 e) 473 + 405 = 878 f) 502 + 164 = 666

2 Denke an den Übertrag.

a) 372 + 242 = 614 b) 372 + 252 = 624 c) 372 + 272 = 644 d) 450 + 159 = 609 e) 450 + 179 = 629 f) 450 + 93 = 543
g) 253 + 37 = 290 h) 253 + 39 = 292 i) 253 + 96 = 349 j) 821 + 85 = 906 k) 821 + 69 = 890 l) 821 + 95 = 916

3 Denke an die Überträge.

a) 473 + 127 = 600 b) 473 + 128 = 601 c) 473 + 139 = 612 d) 522 + 278 = 800 e) 522 + 279 = 801 f) 522 + 289 = 811
g) 358 + 352 = 710 h) 358 + 353 = 711 i) 358 + 365 = 723 j) 146 + 284 = 430 k) 146 + 286 = 432 l) 146 + 279 = 425

4 Schreibe untereinander. Addiere.

a) 408 + 171 = 579 b) 408 + 71 = 479 c) 408 + 82 = 490 d) 408 + 435 = 843 e) 448 + 336 = 784
f) 235 + 472 = 707 g) 35 + 472 = 507 h) 85 + 472 = 557 i) 109 + 472 = 581

1 Ohne Übertrag 2 Ein Übertrag 3 Zwei Überträge

Kommazahlen schriftlich addieren

1 a) 12,40 € + 4,55 € = 16,95 € b) 30,25 € + 19,42 € = 49,67 € c) 1,75 € + 78,12 € = 79,87 € d) 6,42 € + 83,35 € = 89,77 €
e) 0,82 € + 45,25 € = 46,07 € f) 62,07 € + 0,58 € = 62,65 € g) 3,66 € + 26,42 € = 30,08 € h) 59,42 € + 0,68 € = 60,10 €

Vergiss das Komma nicht!

2 Schreibe untereinander. Addiere.

a) 21,50 € + 3,40 € = 24,90 €
b) 51,06 € + 7,32 € = 58,38 €
c) 10,34 € + 8,60 € = 18,94 €
d) 5,61 € + 23,07 € = 28,68 €
e) 4,20 € + 10,15 € = 14,35 €
f) 9,16 € + 30,75 € = 39,91 €
g) 74,35 € + 0,72 € = 75,07 €
h) 4,58 € + 28,31 € = 32,89 €
i) 96,15 € + 3,80 € = 99,95 €

Komma unter Komma!

3 a) Oma kauft ein Radio für 75,99 € und ein Buch für 8,10 €. Wie viel muss sie bezahlen?

Rechnung: 75,99 € + 8,10 € = 84,09 €

Antwort: Sie muss 84,09 € bezahlen.

b) Opa kauft Socken für 9,89 € und eine Hose für 82,00 €. Wie viel kostet es zusammen?

Rechnung: 9,89 € + 82,00 € = 91,89 €

Antwort: Es kostet zusammen 91,89 €.

1 a) bis d) ohne Übertrag

Schriftlich subtrahieren (Seite 4)

1 479 – 202 = 277, 444 – 234 = 210, 752 – 31 = 721, 837 – 104 = 733, 359 – 45 = 314, 871 – 751 = 120

2 a) –9: 11 → 2, 12 → 3, 14 → 5, 15 → 6, 17 → 8, 18 → 9, 13 → 4, 16 → 7
b) 715 – 293 = 422, 682 – 319 = 363, 856 – 190 = 666, 274 – 109 = 165, 885 – 93 = 792
c) 548 – 529 = 19, 965 – 492 = 473, 423 – 119 = 304, 704 – 90 = 614, 578 – 169 = 409

3 a) –7: 10 → 3, 11 → 4, 13 → 6, 14 → 7, 12 → 5, 15 → 8, 16 → 9, 17 → 10
b) 581 – 537 = 44, 938 – 570 = 368, 864 – 827 = 37, 608 – 72 = 536, 407 – 57 = 350
c) 329 – 178 = 151, 864 – 270 = 594, 435 – 107 = 328, 603 – 213 = 390, 419 – 74 = 345

4 a) –8: 10 → 2, 11 → 3, 13 → 5, 12 → 4, 14 → 6, 16 → 8, 15 → 7, 17 → 9
b) 927 – 384 = 543, 711 – 280 = 431, 594 – 488 = 106, 307 – 82 = 225, 958 – 208 = 750
c) 325 – 108 = 217, 974 – 84 = 890, 756 – 28 = 728, 436 – 185 = 251, 992 – 108 = 884

1 Ohne Übertrag 2 bis 4 Jeweils ein Übertrag

Schriftlich subtrahieren (Seite 5)

1 a) –6: 10 → 4, 11 → 5, 13 → 7, 15 → 9, 12 → 6, 14 → 8, 16 → 10, 9 → 3
b) 718 – 263 = 455, 982 – 406 = 576, 835 – 761 = 74, 524 – 106 = 418, 457 – 63 = 394
c) 803 – 760 = 43, 746 – 716 = 30, 919 – 666 = 253, 523 – 126 = 397, 845 – 367 = 478

2 a) –5: 10 → 5, 11 → 6, 13 → 8, 12 → 7, 14 → 9, 15 → 10, 9 → 4, 8 → 3
b) 824 – 305 = 519, 409 – 152 = 257, 230 – 47 = 183, 362 – 315 = 47, 811 – 59 = 752
c) 730 – 656 = 74, 730 – 248 = 482, 615 – 185 = 430, 241 – 57 = 184, 910 – 445 = 465

3 384 – 199 = 185, 702 – 355 = 347, 613 – 46 = 567, 400 – 344 = 56, 516 – 89 = 427, 850 – 772 = 78

4 a) Herr Ott hat 215 €. Er kauft für 189 € ein. Wie viel Geld behält er übrig?

Rechnung: 215 € – 189 € = 26 €

Antwort: Herr Ott behält 26 € übrig.

b) Frau Boll hat 332 € mitgenommen. Sie kauft für 288 € ein. Wie viel Geld behält sie übrig?

Rechnung: 332 € – 288 € = 44 €

Antwort: Frau Boll behält 44 € übrig.

1 und 2 Ein oder zwei Überträge 3 und 4 Jeweils zwei Überträge

Multiplizieren – Einmaleins und Zehnereinmaleins (Seite 6)

1 a) 3 · 2 = 6, 3 · 20 = 60; 5 · 2 = 10, 5 · 20 = 100; 7 · 2 = 14, 7 · 20 = 140
b) 5 · 3 = 15, 5 · 30 = 150; 7 · 3 = 21, 7 · 30 = 210; 9 · 3 = 27, 9 · 30 = 270
c) 4 · 4 = 16, 4 · 40 = 160; 6 · 4 = 24, 6 · 40 = 240; 8 · 4 = 32, 8 · 40 = 320
d) 4 · 5 = 20, 4 · 50 = 200; 5 · 5 = 25, 5 · 50 = 250; 7 · 5 = 35, 7 · 50 = 350

2 a)

·	2	20	3	30	4	40	5	50
2	4	40	6	60	8	80	10	100
3	6	60	9	90	12	120	15	150
6	12	120	18	180	24	240	30	300
7	14	140	21	210	28	280	35	350

b)

·	2	20	3	30	4	40	5	50
4	8	80	12	120	16	160	20	200
5	10	100	15	150	20	200	25	250
8	16	160	24	240	32	320	40	400
9	18	180	27	270	36	360	45	450

3 a) 3 · 2 = 6, 3 · 20 = 60; 4 · 3 = 12, 4 · 30 = 120; 7 · 3 = 21, 7 · 30 = 210
b) 4 · 4 = 16, 4 · 40 = 160; 9 · 2 = 18, 9 · 20 = 180; 4 · 5 = 20, 4 · 50 = 200
c) 5 · 4 = 20, 5 · 40 = 200; 9 · 3 = 27, 9 · 30 = 270; 8 · 3 = 24, 8 · 30 = 240
d) 6 · 5 = 30, 6 · 50 = 300; 8 · 4 = 32, 8 · 40 = 320; 9 · 5 = 45, 9 · 50 = 450

4 Rechne und male an.

120, 160, 180, 200, 240 | 50, 90, 280, 300, 360 | 210, 250, 270, 320, 350, 400

Die Aufgaben der Einmaleinsreihen 2 bis 5 und der dazugehörigen Zehnereinmaleinsreihen automatisieren.
4 Einige Ergebnisse kommen mehrmals vor.

Multiplizieren – Einmaleins und Zehnereinmaleins (Seite 7)

1 a) 2 · 6 = 12, 2 · 60 = 120; 4 · 6 = 24, 4 · 60 = 240; 5 · 6 = 30, 5 · 60 = 300
b) 2 · 7 = 14, 2 · 70 = 140; 4 · 7 = 28, 4 · 70 = 280; 5 · 7 = 35, 5 · 70 = 350
c) 3 · 8 = 24, 3 · 80 = 240; 4 · 8 = 32, 4 · 80 = 320; 6 · 8 = 48, 6 · 80 = 480
d) 3 · 9 = 27, 3 · 90 = 270; 4 · 9 = 36, 4 · 90 = 360; 6 · 9 = 54, 6 · 90 = 540

2 a)

·	6	60	7	70	8	80	9	90	10	100
2	12	120	14	140	16	160	18	180	20	200
3	18	180	21	210	24	240	27	270	30	300
6	36	360	42	420	48	480	54	540	60	600
7	42	420	49	490	56	560	63	630	70	700

b)

·	6	60	7	70	8	80	9	90	10	100
4	24	240	28	280	32	320	36	360	40	400
5	30	300	35	350	40	400	45	450	50	500
8	48	480	56	560	64	640	72	720	80	800
9	54	540	63	630	72	720	81	810	90	900

3 a) 7 · 6 = 42, 7 · 60 = 420; 3 · 8 = 24, 3 · 80 = 240; 3 · 9 = 27, 3 · 90 = 270
b) 3 · 7 = 21, 3 · 70 = 210; 5 · 6 = 30, 5 · 60 = 300; 5 · 8 = 40, 5 · 80 = 400
c) 5 · 9 = 45, 5 · 90 = 450; 6 · 6 = 36, 6 · 60 = 360; 7 · 7 = 49, 7 · 70 = 490
d) 4 · 8 = 32, 4 · 80 = 320; 9 · 7 = 63, 9 · 70 = 630; 9 · 9 = 81, 9 · 90 = 810

4 Rechne und male an.

300, 320, 360, 560, 640, 810 | 270, 400, 420, 480, 630, 720 | 240, 450, 490, 540

Die Einmaleinsreihen 6 bis 9 und die zugehörigen Zehnereinmaleinsreihen.
4 Einige Ergebnisse kommen mehrmals vor.

Dividieren – durch Einer- und Zehnerzahlen (Seite 8)

1 a) 8 : 2 = 4, 80 : 2 = 40; 12 : 2 = 6, 120 : 2 = 60; 18 : 2 = 9, 180 : 2 = 90
b) 9 : 3 = 3, 90 : 3 = 30; 18 : 3 = 6, 180 : 3 = 60; 27 : 3 = 9, 270 : 3 = 90
c) 12 : 3 = 4, 120 : 3 = 40; 21 : 3 = 7, 210 : 3 = 70; 30 : 3 = 10, 300 : 3 = 100
d) 24 : 8 = 3, 240 : 8 = 30; 40 : 8 = 5, 400 : 8 = 50; 64 : 8 = 8, 640 : 8 = 80

2 a) :4: 20 → 5, 16 → 4, 24 → 6, 12 → 3, 28 → 7, 36 → 9
b) :40: 200 → 5, 160 → 4, 120 → 3, 280 → 7, 240 → 6, 360 → 9
c) :6: 12 → 2, 24 → 4, 30 → 5, 18 → 3, 42 → 7, 54 → 9
d) :60: 120 → 2, 420 → 7, 300 → 5, 180 → 3, 240 → 4, 540 → 9
e) :7: 14 → 2, 35 → 5, 28 → 4, 42 → 6, 56 → 8, 21 → 3
f) :70: 140 → 2, 420 → 6, 350 → 5, 630 → 9, 280 → 4, 210 → 3
g) :5: 15 → 3, 35 → 7, 45 → 9, 20 → 4, 25 → 5, 30 → 6
h) :50: 150 → 3, 450 → 9, 500 → 10, 200 → 4, 250 → 5, 350 → 7

200 : 40 = ? — 40 · 5 = 200

3 a) 32 : 8 = 4, 320 : 80 = 4, 320 : 8 = 40
b) 56 : 8 = 7, 560 : 8 = 70, 560 : 80 = 7
c) 36 : 4 = 9, 360 : 40 = 9, 360 : 4 = 90
d) 32 : 4 = 8, 320 : 40 = 8, 320 : 4 = 80
e) 45 : 5 = 9, 450 : 5 = 90, 450 : 50 = 9
f) 20 : 5 = 4, 200 : 5 = 40, 200 : 50 = 4
g) 48 : 6 = 8, 480 : 6 = 80, 480 : 60 = 8
h) 30 : 6 = 5, 300 : 6 = 50, 300 : 60 = 5
i) 54 : 9 = 6, 540 : 90 = 6, 540 : 9 = 60
j) 36 : 9 = 4, 360 : 90 = 4, 360 : 9 = 40
k) 49 : 7 = 7, 490 : 70 = 7, 490 : 7 = 70
l) 35 : 7 = 5, 350 : 70 = 5, 350 : 7 = 50

Dividieren ist als Umkehrung des Multiplizierens leicht zu verstehen.

Dividieren – ohne und mit Rest (Seite 9)

1 a) 60 : 30 = ? — 2 · 30 = 60

:	3	30	2	20
60	20	2	30	3
120	40	4	60	6
180	60	6	90	9

b)

:	4	40	8	80
160	40	4	20	2
80	20	2	10	1
240	60	6	30	3
320	80	8	40	4

c)

:	6	60	3	30
120	20	2	40	4
300	50	5	100	10
240	40	4	80	8

d)

:	6	60	9	90
360	60	6	40	4
180	30	3	20	2
540	90	9	60	6

2 a) 34 : 7 = 4 R 6, 35 : 7 = 5, 36 : 7 = 5 R 1
b) 56 : 7 = 8, 57 : 7 = 8 R 1, 58 : 7 = 8 R 2
c) 42 : 7 = 6, 43 : 7 = 6 R 1, 44 : 7 = 6 R 2
d) 56 : 8 = 7, 58 : 8 = 7 R 2, 60 : 8 = 7 R 4
e) 64 : 8 = 8, 66 : 8 = 8 R 2, 68 : 8 = 8 R 4
f) 40 : 8 = 5, 42 : 8 = 5 R 2, 43 : 8 = 5 R 3
g) 72 : 9 = 8, 73 : 9 = 8 R 1, 75 : 9 = 8 R 3
h) 46 : 9 = 5 R 1, 45 : 9 = 5, 44 : 9 = 4 R 8
i) 18 : 9 = 2, 20 : 9 = 2 R 2, 22 : 9 = 2 R 4

3 a) 9 : 3 = 3, 11 : 3 = 3 R 2, 8 : 3 = 2 R 2
b) 30 : 4 = 7 R 2, 29 : 4 = 7 R 1, 28 : 4 = 7
c) 30 : 5 = 6, 29 : 5 = 5 R 4, 28 : 5 = 5 R 3
d) 22 : 5 = 4 R 2, 20 : 5 = 4, 43 : 5 = 8 R 3
e) 30 : 6 = 5, 29 : 6 = 4 R 5, 28 : 6 = 4 R 4
f) 30 : 8 = 3 R 6, 29 : 8 = 3 R 5, 24 : 8 = 3
g) 35 : 7 = 5, 37 : 7 = 5 R 2, 11 : 7 = 1 R 4
h) 40 : 9 = 4 R 4, 38 : 9 = 4 R 2, 36 : 9 = 4
i) 20 : 4 = 5, 18 : 4 = 4 R 2, 16 : 4 = 4
j) 23 : 4 = 5 R 3, 21 : 4 = 5 R 1, 20 : 4 = 5
k) 17 : 3 = 5 R 2, 18 : 3 = 6, 19 : 3 = 6 R 1
l) 50 : 6 = 8 R 2, 52 : 6 = 8 R 4, 54 : 6 = 9

Lösungen der Seiten 10 bis 18

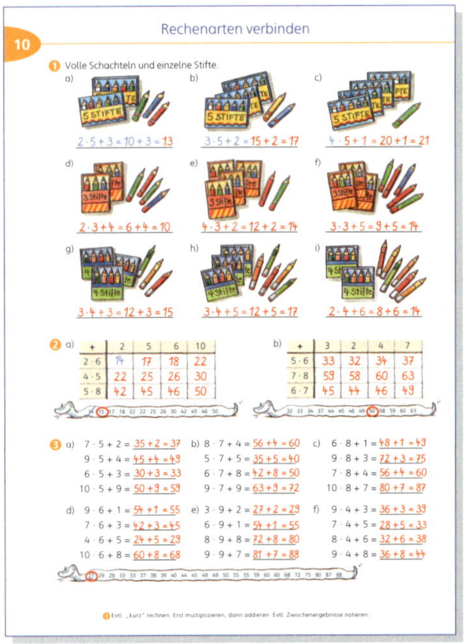

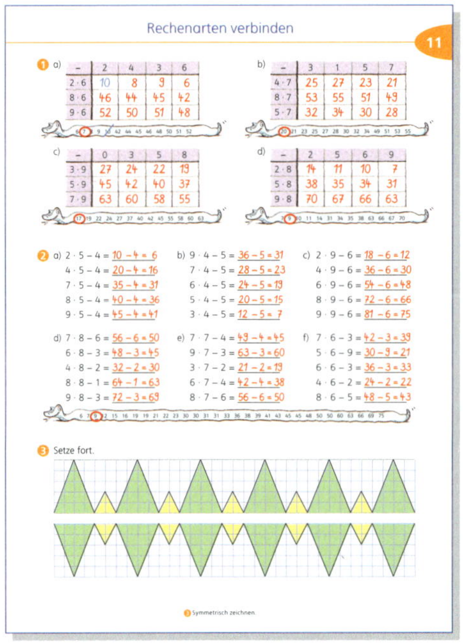

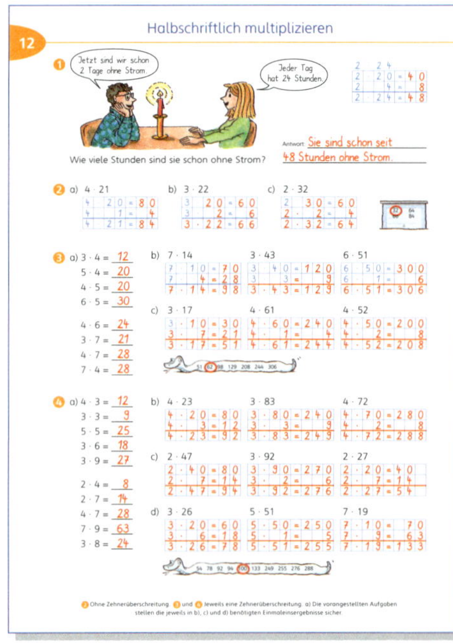

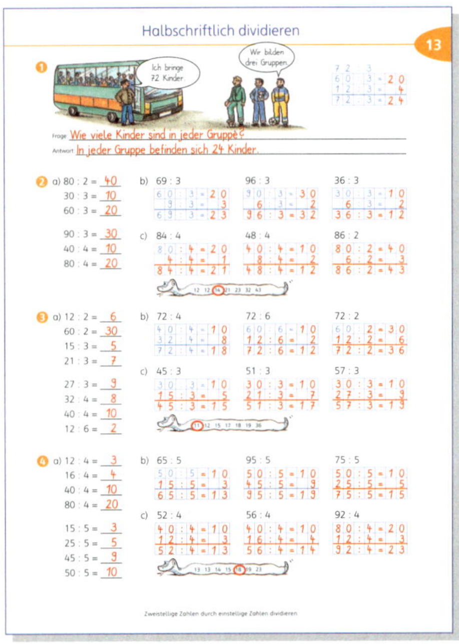

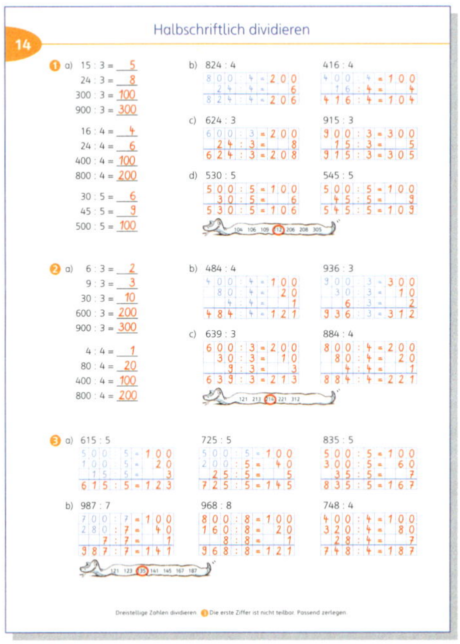

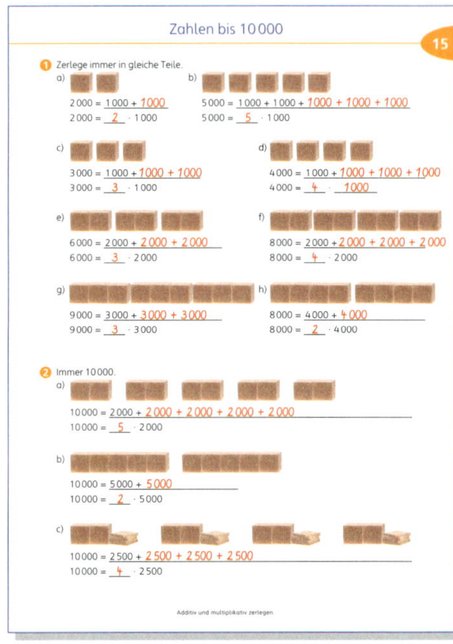

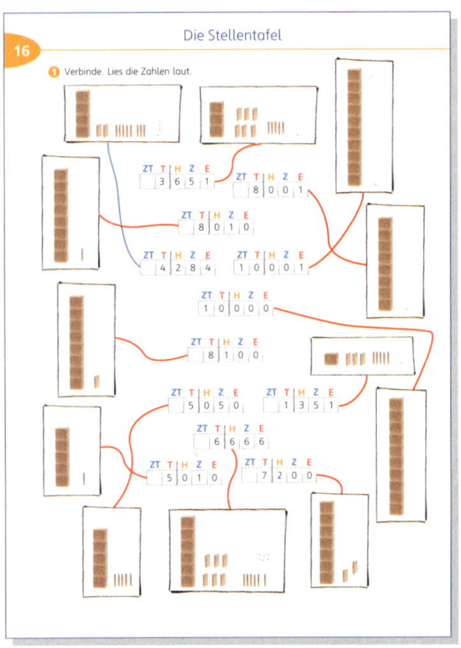

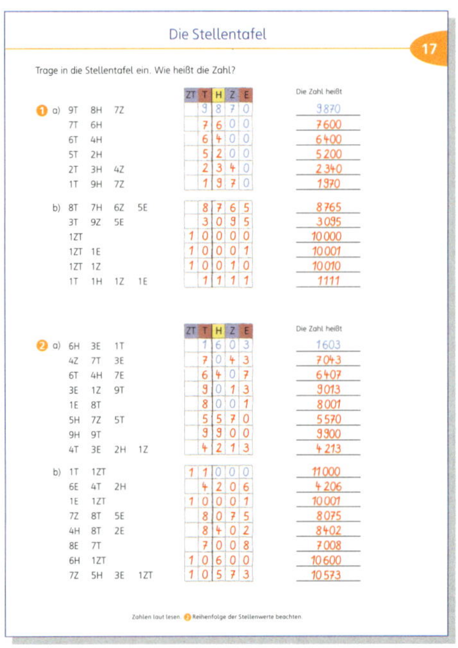

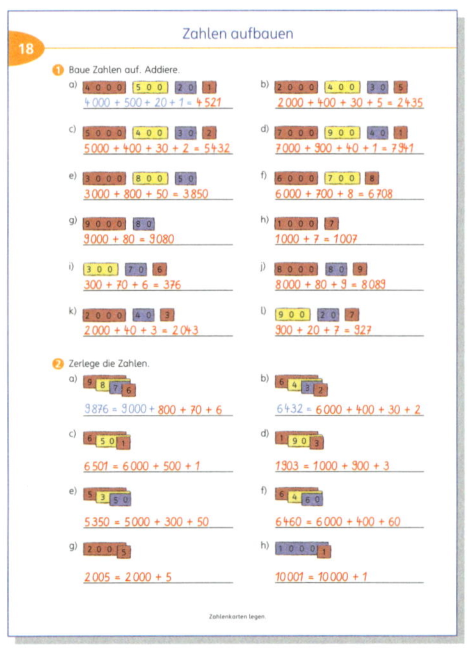

Lösungen der Seiten 19 bis 27

Zerlegemauern (19)

1 a) Mauer: 4000 | 2000, 2000 | 1000, 1000, 1000, 1000

4000 = 1 · 4000
4000 = 2 · 2000
4000 = 4 · 1000

b) Mauer: 8000 | 4000, 4000 | 2000, 2000, 2000, 2000

8000 = 1 · 8000
8000 = 2 · 4000
8000 = 4 · 2000

c) Mauer: 3000 | 1000, 1000, 1000 | 500, 500, 500, 500, 500, 500

3000 = 1 · 3000
3000 = 3 · 1000
3000 = 6 · 500

d) Mauer: 6000 | 3000, 3000 | 1500, 1500, 1500, 1500

6000 = 1 · 6000
6000 = 2 · 3000
6000 = 4 · 1500

e) Mauer: 9000 | 3000, 3000, 3000 | 1000, 1000, 1000, 1000, 1000, 1000, 1000, 1000, 1000

9000 = 1 · 9000
9000 = 3 · 3000
9000 = 9 · 1000

f) Mauer: 5000 | 1000, 1000, 1000, 1000, 1000 | 500, 500, 500, 500, 500, 500, 500, 500, 500, 500

5000 = 1 · 5000
5000 = 5 · 1000
5000 = 10 · 500

g) Mauer: 10000 | 5000, 5000 | 2500, 2500, 2500, 2500

10000 = 1 · 10000
10000 = 2 · 5000
10000 = 4 · 2500

h) Mauer: 10000 | 2000, 2000, 2000, 2000, 2000 | 1000, 1000, 1000, 1000, 1000, 1000, 1000, 1000, 1000, 1000

10000 = 1 · 10000
10000 = 5 · 2000
10000 = 10 · 1000

Die „Mauerzahl" wird immer in gleich große Teile (Summanden) zerlegt. Entsprechende Malaufgaben schreiben.

Der Zahlenstrahl (20)

1 Verbinde mit dem Zahlenstrahl.

Zahlenstrahl 0 – 1 000 – 2 000 – 3 000 – 4 000 – 5 000

a) 1500, 500, 2000, 3500, 2500, 4500, 4000

b) 1200, 400, 1600, 2300, 3100, 3800, 4900

2 Trage die passenden Zahlen ein.

800, 1800, 2100, 3600, 4300

300, 1500, 2400, 2900, 3900, 4700

3 Trage immer die **Nachbartausender** ein.

a)

1000	1500	2000
2000	2500	3000
3000	3500	4000
4000	4500	5000
0	500	1000

b)

7000	7500	8000
8000	8500	9000
9000	9500	10000
6000	6500	7000
5000	5500	6000

c)

1000	1200	2000
2000	2300	3000
4000	4900	5000
6000	6100	7000
8000	8400	9000

4 Trage immer die **Nachbarhunderter** ein.

a)

1500	1550	1600
2500	2550	2600
3200	3250	3300
4200	4250	4300
5100	5150	5200
6100	6150	6200

b)

7500	7550	7600
9400	9450	9500
6300	6350	6400
8700	8750	8800
9900	9950	10000
7300	7350	7400

c)

1200	1290	1300
2400	2410	2500
3800	3840	3900
4600	4670	4700
6200	6280	6300
5100	5160	5200

3 und 4 Am Zahlenstrahl zeigen.

(21)

Zahlenstrahl 5 000 – 6 000 – 7 000 – 8 000 – 9 000 – 10 000

5500, 6500, 7000, 8500, 7500, 9500, 10000

5900, 6200, 6900, 7400, 8100, 9300, 9800

5700, 6400, 7300, 8100, 8400, 9900

6200, 6900, 7600, 8700, 9600, 9300

5 Trage immer die **Nachbarzehner** ein.

a)

1520	1525	1530
2520	2525	2530
3620	3625	3630
4630	4635	4640
5640	5645	5650

b)

6250	6255	6260
6860	6865	6870
7410	7415	7420
7870	7875	7880
8780	8785	8790

c)

9130	9136	9140
9240	9247	9250
9350	9358	9360
9460	9469	9470
9570	9571	9580

6 Trage immer die **Nachbarzahlen** ein.

a)

1499	1500	1501
2499	2500	2501
3499	3500	3501
4499	4500	4501
5499	5500	5501
6499	6500	6501

b)

1999	2000	2001
3999	4000	4001
5999	6000	6001
6999	7000	7001
7999	8000	8001
8999	9000	9001

c)

6599	6600	6601
7499	7500	7501
8399	8400	8401
9299	9300	9301
199	200	201
5699	5700	5701

6 Vorgänger und Nachfolger finden.

Zahlen ordnen (22)

1 Ordne die dreistelligen Zahlen nach der Größe.

a) 350, 275, 325, 295 — 275, 295, 325, 350

b) 297, 279, 269, 289 — 269, 279, 289, 297

c) 876, 836, 863, 873 — 836, 863, 873, 876

d) 407, 430, 401, 439 — 401, 407, 430, 439

e) 545, 554, 524, 544 — 524, 544, 545, 554

f) 732, 727, 723, 737 — 723, 727, 732, 737

2 Ordne die vierstelligen Zahlen nach der Größe.

a) 7800, 8700, 6900 — 6900, 7800, 8700

b) 6450, 5540, 5504 — 5504, 5540, 6450

c) 4380, 5490, 4370 — 4370, 4380, 5490

d) 6740, 6470, 6074 — 6074, 6470, 6740

e) 4745, 4475, 4976 — 4475, 4745, 4976

f) 9876, 9786, 9867 — 9786, 9867, 9876

3 Ordne nach der Größe. Beginne immer mit der kleinsten Zahl.

a) 2050, 1250, 2150, 1520 — 1250, 1520, 2050, 2150

b) 9130, 9236, 9135, 9030 — 9030, 9130, 9135, 9236

c) 3525, 5525, 2525, 2325, 4525 — 2325, 2525, 3525, 4525, 5525

d) 7143, 1793, 7156, 7015, 1784 — 1784, 1793, 7015, 7143, 7156

e) 8712, 8427, 4812, 8412, 7824, 8217 — 4812, 7824, 8217, 8412, 8427, 8712

Zahlen laut lesen

Zahlen bis 100 000 (23)

1

1 · 10000 = 10000
2 · 10000 = 20000
3 · 10000 = 30000
4 · 10000 = 40000
5 · 10000 = 50000
6 · 10000 = 60000
7 · 10000 = 70000
8 · 10000 = 80000
9 · 10000 = 90000
10 · 10000 = 100000

2 a) Mauer: 40000 | 20000, 20000 | 10000, 10000, 10000, 10000

40000 = 1 · 40000
40000 = 2 · 20000
40000 = 4 · 10000

b) Mauer: 80000 | 40000, 40000 | 20000, 20000, 20000, 20000 | 10000 (8-mal)

80000 = 1 · 80000
80000 = 2 · 40000
80000 = 4 · 20000
80000 = 8 · 10000

c) Mauer: 50000 | 25000, 25000 | 5000 (10-mal)

50000 = 1 · 50000
50000 = 2 · 25000
50000 = 10 · 5000

d) Mauer: 100000 | 50000, 50000 | 25000, 25000, 25000, 25000

100000 = 1 · 100000
100000 = 2 · 50000
100000 = 4 · 25000

e) Mauer: 100000 | 20000, 20000, 20000, 20000, 20000 | 10000 (10-mal)

100000 = 1 · 100000
100000 = 5 · 20000
100000 = 10 · 10000

2 Zerlegemauer: Zahlen in gleich große Teile zerlegen. Entsprechende Malaufgaben schreiben.

Zahlen bis zur Million (24)

1 Der Millionenwürfel

1 · 100000 = 100000
2 · 100000 = 200000
3 · 100000 = 300000
4 · 100000 = 400000
5 · 100000 = 500000
6 · 100000 = 600000
7 · 100000 = 700000
8 · 100000 = 800000
9 · 100000 = 900000
10 · 100000 = 1000000

2 a) Mauer: 200000 | 100000, 100000 | 50000, 50000, 50000, 50000

200000 = 1 · 200000
200000 = 2 · 100000
200000 = 4 · 50000

b) Mauer: 600000 | 300000, 300000 | 150000, 150000, 150000, 150000

600000 = 1 · 600000
600000 = 2 · 300000
600000 = 4 · 150000

c) Mauer: 300000 | 100000, 100000, 100000 | 50000, 50000, 50000, 50000, 50000, 50000

300000 = 1 · 300000
300000 = 3 · 100000
300000 = 6 · 50000

d) Mauer: 900000 | 300000, 300000, 300000 | 150000, 150000, 150000, 150000, 150000, 150000

900000 = 1 · 900000
900000 = 3 · 300000
900000 = 6 · 150000

e) Mauer: 1000000 | 500000, 500000 | 250000, 250000, 250000, 250000 | 200000, 200000, 200000, 200000, 200000

1000000 = 1 · 1000000
1000000 = 2 · 500000
1000000 = 4 · 250000
1000000 = 5 · 200000

Zahlen bis zur Million (25)

1 Baue große Zahlen auf. Lies laut.

a) 500 + 5 = 505

b) 500000 + 5000 = 505000

c) 400 + 3 = 403

d) 400000 + 3000 = 403000

e) 600 + 90 = 690

f) 600000 + 90000 = 690000

g) 700 + 20 = 720

h) 700000 + 20000 = 720000

i) 900 + 80 + 5 = 985

j) 900000 + 80000 + 5000 = 985000

k) 400 + 30 + 1 = 431

l) 400000 + 30000 + 1000 = 431000

2 Zerlege die Zahlen. Lies laut.

a) 205100 = 200000 + 5000 + 100

b) 452200 = 400000 + 50000 + 2000 + 200

c) 564350 = 500000 + 60000 + 4000 + 300 + 50

d) 780660 = 700000 + 80000 + 600 + 60

e) 608065 = 600000 + 8000 + 60 + 5

f) 900909 = 900000 + 900 + 9

g) 370026 = 300000 + 70000 + 20 + 6

Evtl. Zahlenkarten legen.

Die Stellentafel (26)

Trage in die Stellentafel ein. Wie heißt die Zahl?

1 a)

	M	HT	ZT	T	H	Z	E	Die Zahl heißt
4HT 5ZT 6T 7H		4	5	6	7	0	0	456700
6HT 7ZT		6	7	0	0	0	0	670000
5HT 1ZT 5T		5	1	5	0	0	0	515000
3HT 5T		3	0	5	0	0	0	305000
1HT 1T 1H		1	0	1	1	0	0	101100
2HT 3T 8H 5Z		2	0	3	8	5	0	203850

b)

	M	HT	ZT	T	H	Z	E	Die Zahl heißt
1M	1	0	0	0	0	0	0	1000000
6HT 5T		6	0	5	0	0	0	605000
9ZT 4Z 4E			9	0	0	4	4	90044
7H 4E					7	0	4	704
4T 6H 8Z				4	6	8	0	4680
9HT 8ZT 7T		9	8	7	0	0	0	987000

2 a)

	M	HT	ZT	T	H	Z	E	Die Zahl heißt
1T 2ZT 5HT		5	2	1	0	0	0	521000
2Z 3H 4ZT			4	0	3	2	0	40320
2H 8ZT			8	0	2	0	0	80200
5T 3HT		3	0	5	0	0	0	305000
1E 1M	1	0	0	0	0	0	1	1000001
6E 5Z 4ZT			4	0	0	5	6	40056
5ZT 5HT		5	5	0	0	0	0	550000
9Z 8E 7HT		7	0	0	0	9	8	700098

b)

	M	HT	ZT	T	H	Z	E	Die Zahl heißt
3E 7HT 1T		7	0	1	0	0	3	701003
9Z 9H 8T				8	9	9	0	8990
1M 1Z	1	0	0	0	0	1	0	1000010
6T 8HT		8	0	6	0	0	0	806000
2E 3H 4Z					3	4	2	342
7ZT 3H 5T			7	5	3	0	0	75300
3HT 2T		3	0	2	0	0	0	302000
5H 1T 1HT		1	0	1	5	0	0	101500

Zahlen laut lesen. 2 Reihenfolge der Stellenwerte beachten.

Runden auf Hunderttausender (27)

1 Welche **Hunderterzahl** liegt näher? Zeichne Pfeile. Runde.

540 ≈ 500 | 620 ≈ 600 | 690 ≈ 700 | 750 ≈ 800

2 Welche **Hunderttausenderzahl** liegt näher? Zeichne und runde.

a) 540000 ≈ 500000 | 620000 ≈ 600000 | 720000 ≈ 700000
560000 ≈ 600000 | 670000 ≈ 700000 | 790000 ≈ 800000

b) 220000 ≈ 200000 | 340000 ≈ 300000 | 450000 ≈ 500000
280000 ≈ 300000 | 360000 ≈ 400000 | 510000 ≈ 500000

c) 730000 ≈ 700000 | 850000 ≈ 900000 | 910000 ≈ 900000
750000 ≈ 800000 | 840000 ≈ 800000 | 950000 ≈ 1000000

3 Zeige am Zahlenstrahl. Runde auf Hunderttausender.

15000 ≈ 0 | 110500 ≈ 100000 | 220200 ≈ 200000
70500 ≈ 100000 | 113500 ≈ 100000 | 250200 ≈ 300000
90900 ≈ 100000 | 150500 ≈ 200000 | 310500 ≈ 300000

Lösungen der Seiten 28 bis 36

28 Runden auf Zehntausender

1 Welche **Zehnerzahl** liegt näher? Zeichne Pfeile. Runde.

Ab 5 runde ich auf.

338 ≈ 340; 374 ≈ 370; 416 ≈ 420; 445 ≈ 450

2 Welche **Zehntausenderzahl** liegt näher? Zeichne und runde.

a) 338000 ≈ 340000; 374000 ≈ 370000; 414000 ≈ 410000; 344000 ≈ 340000; 393000 ≈ 390000; 452000 ≈ 450000

b) 534000 ≈ 530000; 572000 ≈ 570000; 647000 ≈ 650000; 516000 ≈ 520000; 598000 ≈ 600000; 656000 ≈ 660000

c) Ab 5000 runde ich auf.

705000 ≈ 710000; 755000 ≈ 760000; 825000 ≈ 830000; 715000 ≈ 720000; 745000 ≈ 750000; 835000 ≈ 840000

3 Zeige am Zahlenstrahl. Runde auf Zehntausender.

6000 ≈ 10000; 45000 ≈ 50000; 111000 ≈ 110000; 17000 ≈ 20000; 72000 ≈ 70000; 125000 ≈ 130000; 38000 ≈ 40000; 98000 ≈ 100000; 149000 ≈ 150000

29 Addieren

1 a) 60 + 20 = 80; 600 + 200 = 800; 6000 + 2000 = 8000; 6000 + 3000 = 9000; 600 + 300 = 900; 60 + 30 = 90
b) 40 + 30 = 70; 400 + 300 = 700; 4000 + 3000 = 7000; 4000 + 5000 = 9000; 400 + 500 = 900; 40 + 50 = 90
c) 70 + 20 = 90; 700 + 200 = 900; 7000 + 2000 = 9000; 7000 + 3000 = 10000; 700 + 300 = 1000; 70 + 30 = 100

2 a) 80 + 30 = 110; 800 + 300 = 1100; 8000 + 3000 = 11000; 8000 + 5000 = 13000; 800 + 500 = 1300; 80 + 50 = 130
b) 50 + 70 = 120; 500 + 700 = 1200; 5000 + 7000 = 12000; 5000 + 6000 = 11000; 500 + 600 = 1100; 50 + 60 = 110
c) 90 + 60 = 150; 900 + 600 = 1500; 9000 + 6000 = 15000; 9000 + 8000 = 17000; 900 + 800 = 1700; 90 + 80 = 170

3 a)

+	3000	5000	8000
5000	8000	10000	13000
7000	10000	12000	15000
9000	12000	14000	17000

b)

+	4000	7000	9000
4000	8000	11000	13000
6000	10000	13000	15000
8000	12000	15000	17000

4 a) 400 + 500 = 900; 4000 + 5000 = 9000; 40000 + 50000 = 90000; 40000 + 30000 = 70000; 4000 + 3000 = 7000; 400 + 300 = 700
b) 600 + 200 = 800; 6000 + 2000 = 8000; 60000 + 20000 = 80000; 60000 + 40000 = 100000; 6000 + 4000 = 10000; 600 + 400 = 1000

5 a) 2000 + 3000 = 5000; 20000 + 30000 = 50000; 200000 + 300000 = 500000; 300000 + 400000 = 700000; 30000 + 40000 = 70000; 3000 + 4000 = 7000
b) 5000 + 5000 = 10000; 50000 + 50000 = 100000; 500000 + 500000 = 1000000; 200000 + 400000 = 600000; 20000 + 40000 = 60000; 2000 + 4000 = 6000

Mit großen Zahlen rechnen wie mit kleinen. 1 a) und b), 4 a) und 5 a) ohne Überschreitung

30 Addieren

1 a) 0 + 4 = 4; 30 + 4 = 34; 35 + 4 = 39; 350 + 4 = 354; 350 + 40 = 390; 350 + 400 = 750
b) 240 + 3 = 243; 240 + 30 = 270; 240 + 300 = 540; 180 + 2 = 182; 180 + 20 = 200; 180 + 200 = 380
c) 530 + 2 = 532; 530 + 20 = 550; 530 + 200 = 730; 660 + 3 = 663; 660 + 30 = 690; 660 + 300 = 960

2 a) 4200 + 5 = 4205; 4200 + 50 = 4250; 4200 + 500 = 4700; 4200 + 5000 = 9200
b) 5003 + 2 = 5005; 5003 + 20 = 5023; 5003 + 200 = 5203; 5003 + 2000 = 7003
c) 5600 + 4 = 5604; 5600 + 40 = 5640; 5600 + 400 = 6000; 5600 + 4000 = 9600
d) 4700 + 4 = 4704; 4700 + 40 = 4740; 4700 + 400 = 5100; 4700 + 4000 = 8700

3 a) 3500 + 50 = 3550; 3500 + 500 = 4000; 3500 + 5000 = 8500
b) 3070 + 30 = 3100; 3070 + 300 = 3370; 3070 + 3000 = 6070
c) 3600 + 4000 = 7600; 3600 + 400 = 4000; 3600 + 40 = 3640
d) 5070 + 4000 = 9070; 5070 + 400 = 5470; 5070 + 40 = 5110
e) 2400 + 30 = 2430; 2400 + 300 = 2700; 2400 + 3000 = 5400
f) 2800 + 60 = 2860; 2800 + 600 = 3400; 2800 + 6000 = 8800

4 a)

+	30	300	3000
7	37	307	3007
70	100	370	3070
700	730	1000	3700
7000	7030	7300	10000

b)

+	50	500	5000
5	55	505	5005
51	101	551	5051
510	560	1010	5510
5100	5150	5600	10100

Auf die Änderungen der Stellen achten. 1 und 2 a) und b) Ohne Überschreitung

31 Subtrahieren

1 a) 8 − 2 = 6; 80 − 20 = 60; 800 − 200 = 600; 800 − 500 = 300; 80 − 50 = 30; 8 − 5 = 3
b) 70 − 30 = 40; 700 − 300 = 400; 7000 − 3000 = 4000; 7000 − 5000 = 2000; 700 − 500 = 200; 70 − 50 = 20
c) 90 − 50 = 40; 900 − 500 = 400; 9000 − 5000 = 4000; 9000 − 3000 = 6000; 900 − 300 = 600; 90 − 30 = 60

2 a) 12 − 3 = 9; 120 − 30 = 90; 1200 − 300 = 900; 1500 − 700 = 800; 150 − 70 = 80; 15 − 7 = 8
b) 21 − 3 = 18; 210 − 30 = 180; 2100 − 300 = 1800; 2400 − 500 = 1900; 240 − 50 = 190; 24 − 5 = 19
c) 42 − 6 = 36; 420 − 60 = 360; 4200 − 600 = 3600; 6300 − 700 = 5600; 630 − 70 = 560; 63 − 7 = 56

3 a)

−	2000	5000	7000
9000	7000	4000	2000
7000	5000	2000	0
10000	8000	5000	3000

b)

−	500	600	2000
2500	2000	1900	500
3000	2500	2400	1000
5400	4900	4800	3400

4 a) 700 − 200 = 500; 7000 − 2000 = 5000; 70000 − 20000 = 50000; 60000 − 30000 = 30000; 6000 − 3000 = 3000; 600 − 300 = 300
b) 100 − 60 = 40; 1000 − 600 = 400; 10000 − 6000 = 4000; 18000 − 5000 = 13000; 1800 − 500 = 1300; 180 − 50 = 130

5 a) 9000 − 4000 = 5000; 90000 − 40000 = 50000; 900000 − 400000 = 500000; 500000 − 300000 = 200000; 50000 − 30000 = 20000; 5000 − 3000 = 2000
b) 1600 − 400 = 1200; 16000 − 4000 = 12000; 160000 − 40000 = 120000; 120000 − 30000 = 90000; 12000 − 3000 = 9000; 1200 − 300 = 900

Mit großen Zahlen rechnen wie mit kleinen

32 Subtrahieren

1 a) 4850 − 4000 = 850; 4850 − 400 = 4450; 4850 − 40 = 4810; 4850 − 30 = 4820; 4850 − 300 = 4550; 4850 − 3000 = 1850
b) 7980 − 5000 = 2980; 7980 − 500 = 7480; 7980 − 50 = 7930; 7980 − 70 = 7910; 7980 − 700 = 7280; 7980 − 7000 = 980

2 a) 8670 − 6000 = 2670; 8670 − 600 = 8070; 8670 − 60 = 8610; 8970 − 70 = 8900; 8970 − 700 = 8270; 8970 − 7000 = 1970
b) 14500 − 4000 = 10500; 14500 − 400 = 14100; 14500 − 40 = 14460; 14100 − 100 = 14000; 14100 − 1000 = 13100; 14100 − 10000 = 4100

3 a)

−	1000	100	10
5400	4400	5300	5390
4800	3800	4700	4790
11500	10500	11400	11490

b)

−	3000	300	30
3400	400	3100	3370
7500	4500	7200	7470
10300	7300	10000	10270

4 a) 5500 − 4000 = 1500; 5500 − 400 = 5100; 5500 − 40 = 5460
b) 17700 − 7000 = 10700; 17700 − 700 = 17000; 17700 − 70 = 17630
c) 6500 − 60 = 6440; 6500 − 600 = 5900; 6500 − 6000 = 500
d) 18800 − 80 = 18720; 18800 − 800 = 18000; 18800 − 8000 = 10800
e) 7300 − 5000 = 2300; 7300 − 500 = 6800; 7300 − 50 = 7250
f) 14400 − 4000 = 10400; 14400 − 400 = 14000; 14400 − 40 = 14360

Auf die Stellen achten.

33 Addieren und Subtrahieren

1 a) 300, 1100, 2000, 4000
b) 0, 1200, 1700, 3300
c) 400, 1400, 1900, 3700
d) 100, 2500, 2300, 4100

2 a) 8 + 3 = 11; 8 − 3 = 5; 80 + 30 = 110; 80 − 30 = 50; 800 + 300 = 1100; 800 − 300 = 500
b) 12 + 7 = 19; 12 − 7 = 5; 120 + 70 = 190; 120 − 70 = 50; 1200 + 700 = 1900; 1200 − 700 = 500
c) 21 + 3 = 24; 21 − 3 = 18; 210 + 30 = 240; 210 − 30 = 180; 2100 + 300 = 2400; 2100 − 300 = 1800

3 a) 45 + 15 = 60; 45 − 15 = 30; 450 + 150 = 600; 450 − 150 = 300; 4500 + 1500 = 6000; 4500 − 1500 = 3000
b) 53 + 17 = 70; 53 − 17 = 36; 530 + 170 = 700; 530 − 170 = 360; 5300 + 1700 = 7000; 5300 − 1700 = 3600
c) 28 + 23 = 51; 28 − 23 = 5; 280 + 230 = 510; 280 − 230 = 50; 2800 + 2300 = 5100; 2800 − 2300 = 500

Dieselben Zahlen addieren und subtrahieren

34 Mit 10 multiplizieren

1 a) 10 · 3 = 30 b) 10 · 2 = 20 c) 10 · 4 = 40

2 a) 10 · 5 = 50; 10 · 50 = 500; 10 · 500 = 5000; 10 · 7 = 70; 10 · 70 = 700; 10 · 700 = 7000
b) 10 · 6 = 60; 10 · 60 = 600; 10 · 600 = 6000; 10 · 0 = 0; 10 · 1 = 10; 10 · 10 = 100
c) 10 · 4 = 40; 10 · 40 = 400; 10 · 400 = 4000; 10 · 9 = 90; 10 · 90 = 900; 10 · 900 = 9000

3 a) 10 · 8 = 80; 10 · 82 = 820; 10 · 820 = 8200; 10 · 240 = 2400; 10 · 24 = 240; 10 · 2 = 20
b) 10 · 7 = 70; 10 · 71 = 710; 10 · 710 = 7100; 10 · 930 = 9300; 10 · 93 = 930; 10 · 9 = 90
c) 10 · 5 = 50; 10 · 55 = 550; 10 · 505 = 5050; 10 · 307 = 3070; 10 · 37 = 370; 10 · 3 = 30

W 4 a) 15 : 5 = 3; 150 : 5 = 30; 150 : 50 = 3 b) 16 : 4 = 4; 160 : 4 = 40; 160 : 40 = 4 c) 21 : 3 = 7; 210 : 3 = 70; 210 : 30 = 7 d) 27 : 9 = 3; 270 : 9 = 30; 270 : 90 = 3
e) 35 : 7 = 5; 350 : 7 = 50; 350 : 70 = 5 f) 36 : 9 = 4; 360 : 9 = 40; 360 : 90 = 4 g) 40 : 5 = 8; 400 : 5 = 80; 400 : 50 = 8 h) 42 : 6 = 7; 420 : 6 = 70; 420 : 60 = 7

5 a) 45 : 9 = 5; 450 : 90 = 5; 450 : 9 = 50 b) 48 : 8 = 6; 480 : 80 = 6; 480 : 8 = 60 c) 54 : 6 = 9; 540 : 60 = 9; 540 : 6 = 90 d) 63 : 9 = 7; 630 : 90 = 7; 630 : 9 = 70
e) 56 : 8 = 7; 560 : 80 = 7; 560 : 8 = 70 f) 49 : 7 = 7; 490 : 70 = 7; 490 : 7 = 70 g) 32 : 4 = 8; 320 : 40 = 8; 320 : 4 = 80 h) 28 : 7 = 4; 280 : 70 = 4; 280 : 7 = 40

Verzehnfachen bedeutet: Alle Ziffern rücken eine Stelle nach links. In die dadurch freie Einerstelle wird eine 0 geschrieben.

35 Mit Stufenzahlen multiplizieren

1 a) 10 · 3 = 30 b) 100 · 3 = 300 c) 1000 · 3 = 3000

2 Zehn-, hundert- und tausendmal so viel.
a) 10 · 4 = 40; 100 · 4 = 400; 1000 · 4 = 4000; 1000 · 1 = 1000; 100 · 1 = 100; 10 · 1 = 10
b) 10 · 8 = 80; 100 · 8 = 800; 1000 · 8 = 8000; 1000 · 9 = 9000; 100 · 9 = 900; 10 · 9 = 90
c) 10 · 5 = 50; 100 · 5 = 500; 1000 · 5 = 5000; 1000 · 0 = 0; 100 · 0 = 0; 10 · 0 = 0

3 a) 10 · 10 = 100; 100 · 10 = 1000; 1000 · 10 = 10000; 1000 · 20 = 20000; 100 · 20 = 2000; 10 · 20 = 200
b) 10 · 50 = 500; 100 · 50 = 5000; 1000 · 50 = 50000; 1000 · 70 = 70000; 100 · 70 = 7000; 10 · 70 = 700
c) 1000 · 60 = 60000; 100 · 60 = 6000; 10 · 60 = 600; 10 · 90 = 900; 100 · 90 = 9000; 1000 · 90 = 90000

4 a) 100 · 2 = 200; 100 · 10 = 1000; 100 · 12 = 1200
b) 100 · 4 = 400; 100 · 20 = 2000; 100 · 24 = 2400
c) 100 · 3 = 300; 100 · 50 = 5000; 100 · 53 = 5300
d) 1000 · 2 = 2000; 1000 · 10 = 10000; 1000 · 12 = 12000
e) 1000 · 7 = 7000; 1000 · 30 = 30000; 1000 · 37 = 37000
f) 1000 · 5 = 5000; 1000 · 20 = 20000; 1000 · 25 = 25000
g) 10 · 7 = 70; 10 · 80 = 800; 10 · 87 = 870
h) 100 · 9 = 900; 100 · 10 = 1000; 100 · 19 = 1900
i) 1000 · 1 = 1000; 1000 · 40 = 40000; 1000 · 41 = 41000
j) 10 · 6 = 60; 10 · 70 = 700; 10 · 76 = 760
k) 1000 · 8 = 8000; 1000 · 50 = 50000; 1000 · 58 = 58000
l) 100 · 9 = 900; 100 · 90 = 9000; 100 · 99 = 9900

Entdecken, dass sich die Ziffern um eine, zwei oder drei Stellen nach links verschieben. Die frei werdenden Stellen mit Nullen belegen.

36 Textverständnis

1 a) Bauer Stöcker hat im Juli 1000 kg Kartoffeln geerntet. Im April hatte er 200 kg Saatkartoffeln gepflanzt. Wievielmal so schwer ist die Ernte?

b) Der Kartoffelhof Huber verkaufte von seinen 1000 Säcken Kartoffeln schon 200.

c) Der Bioladen Krämer hat noch 100 kg Kartoffeln. Immer 20 kg sollen in einen Beutel. Wie viele Beutel können gefüllt werden?

d) Landwirtin Ott verfüttert 200 kg Kartoffeln an ihre 20 Schweine. Wie viel kg Kartoffeln kann jedes Tier fressen?

e) Landwirt Hilche hat 1000 Schweine und 200 Puten. Wie viele Tiere sind es insgesamt?

f) Frau Mohr füttert jeden Tag 200 Hühner und 20 Enten. Wie viele Tiere versorgt sie am Tag?

1000 − 200 = 800
5 · 200 = 1000
200 : 20 = 10
100 : 20 = 5
200 + 20 = 220
1000 + 200 = 1200

Die Kartoffelernte war 5-mal so schwer wie die Saat.
Jedes Tier kann 10 kg Kartoffeln fressen.
Der Kartoffelhof Huber hat noch 800 Säcke Kartoffeln.
5 Beutel können gefüllt werden.
Es sind insgesamt 1200 Tiere.
Sie versorgt täglich 220 Tiere.

Passende Texte, Rechnungen und Antworten verbinden. Fertigstellen.

Lösungen der Seiten 37 bis 45

Durch 10 dividieren

1 a) 30 : 10 = 3 b) 20 : 10 = 2 c) 40 : 10 = 4

2 a) 80 : 10 = 8; 800 : 10 = 80; 8000 : 10 = 800; 6000 : 10 = 600; 600 : 10 = 60; 60 : 10 = 6
b) 10 : 10 = 1; 100 : 10 = 10; 1000 : 10 = 100; 7000 : 10 = 700; 700 : 10 = 70; 70 : 10 = 7
c) 900 : 10 = 90; 9000 : 10 = 900; 90000 : 10 = 9000; 20000 : 10 = 2000; 2000 : 10 = 200; 200 : 10 = 20

3 a) 240 : 10 = 24; 2400 : 10 = 240; 24000 : 10 = 2400; 65000 : 10 = 6500; 6500 : 10 = 650; 650 : 10 = 65
b) 320 : 10 = 32; 3200 : 10 = 320; 32000 : 10 = 3200; 16000 : 10 = 1600; 1600 : 10 = 160; 160 : 10 = 16
c) 560 : 10 = 56; 5600 : 10 = 560; 56000 : 10 = 5600; 43000 : 10 = 4300; 4300 : 10 = 430; 430 : 10 = 43

4 a) 18 : 9 = 2; 180 : 90 = 2; 180 : 9 = 20 b) 24 : 8 = 3; 240 : 80 = 3; 240 : 8 = 30 c) 42 : 7 = 6; 420 : 70 = 6; 420 : 7 = 60 d) 30 : 5 = 6; 300 : 50 = 6; 300 : 5 = 60
e) 32 : 8 = 4; 320 : 80 = 4; 320 : 8 = 40 f) 35 : 5 = 7; 350 : 50 = 7; 350 : 5 = 70 g) 40 : 1 = 40; 400 : 10 = 40; 400 : 1 = 400 h) 45 : 5 = 9; 450 : 50 = 9; 450 : 5 = 90

5 a) 36 : 6 = 6; 360 : 6 = 60; 360 : 60 = 6 b) 56 : 7 = 8; 560 : 7 = 80; 560 : 70 = 8 c) 64 : 8 = 8; 640 : 8 = 80; 640 : 80 = 8 d) 72 : 8 = 9; 720 : 8 = 90; 720 : 80 = 9
e) 36 : 9 = 4; 360 : 9 = 40; 360 : 90 = 4 f) 25 : 5 = 5; 250 : 5 = 50; 250 : 50 = 5 g) 81 : 9 = 9; 810 : 9 = 90; 810 : 90 = 9 h) 18 : 6 = 3; 180 : 6 = 30; 180 : 60 = 3

Entdecken: Beim Teilen durch 10 entfällt die Null an der letzten Stelle und alle Ziffern rücken eine Stelle nach rechts.

Durch Stufenzahlen dividieren

1 a) 30 : 10 = 3 b) 300 : 100 = 3 c) 3000 : 1000 = 3

2 Teile durch 10, durch 100 und durch 1 000.
a) 3000 : 10 = 300; 3000 : 100 = 30; 3000 : 1000 = 3; 2000 : 1000 = 2; 2000 : 100 = 20; 2000 : 10 = 200
b) 5000 : 10 = 500; 5000 : 100 = 50; 5000 : 1000 = 5; 7000 : 1000 = 7; 7000 : 100 = 70; 7000 : 10 = 700
c) 1000 : 10 = 100; 1000 : 100 = 10; 1000 : 1000 = 1; 9000 : 1000 = 9; 9000 : 100 = 90; 9000 : 10 = 900

3 a) 40000 : 10 = 4000; 40000 : 100 = 400; 40000 : 1000 = 40; 10000 : 1000 = 10; 10000 : 100 = 100; 10000 : 10 = 1000
b) 80000 : 10 = 8000; 80000 : 100 = 800; 80000 : 1000 = 80; 100000 : 1000 = 100; 100000 : 100 = 1000; 100000 : 10 = 10000

4 a) 40 : 10 = 4; 100 : 10 = 10; 140 : 10 = 14 b) 300 : 10 = 30; 1000 : 10 = 100; 1300 : 10 = 130 c) 500 : 100 = 5; 2000 : 100 = 20; 2500 : 100 = 25
d) 800 : 10 = 80; 3000 : 10 = 300; 3800 : 10 = 380 e) 700 : 10 = 70; 5000 : 10 = 500; 5700 : 10 = 570 f) 1000 : 1000 = 1; 20000 : 1000 = 20; 21000 : 1000 = 21
g) 200 : 10 = 20; 7000 : 10 = 700; 7200 : 10 = 720 h) 400 : 100 = 4; 6000 : 100 = 60; 6400 : 100 = 64 i) 20 : 10 = 2; 8000 : 10 = 800; 8020 : 10 = 802
j) 50 : 10 = 5; 2000 : 10 = 200; 2050 : 10 = 205 k) 70 : 10 = 7; 800 : 10 = 80; 870 : 10 = 87 l) 2000 : 1000 = 2; 50000 : 1000 = 50; 52000 : 1000 = 52

Feststellen, wie viele Nullen zu streichen sind und um wie viele Stellen alle Ziffern nach rechts rücken.

Mit großen Zahlen multiplizieren

1 Vom Einmaleins zum Malnehmen mit großen Zahlen.
a) 3 · 2 = 6; 3 · 20 = 60; 3 · 200 = 600; 3 · 2000 = 6000 b) 4 · 6 = 24; 4 · 60 = 240; 4 · 600 = 2400; 4 · 6000 = 24000 c) 8 · 4 = 32; 8 · 40 = 320; 8 · 400 = 3200; 8 · 4000 = 32000
d) 6 · 9000 = 54000; 6 · 900 = 5400; 6 · 90 = 540; 6 · 9 = 54 e) 7 · 5000 = 35000; 7 · 500 = 3500; 7 · 50 = 350; 7 · 5 = 35 f) 9 · 5000 = 45000; 9 · 500 = 4500; 9 · 50 = 450; 9 · 5 = 45

2 a) 9 · 30 = 270; 9 · 300 = 2700; 9 · 3000 = 27000; 9 · 30000 = 270000 b) 8 · 50 = 400; 8 · 500 = 4000; 8 · 5000 = 40000; 8 · 50000 = 400000 c) 4 · 90 = 360; 4 · 900 = 3600; 4 · 9000 = 36000; 4 · 90000 = 360000
d) 5 · 60 = 300; 5 · 600 = 3000; 5 · 6000 = 30000; 5 · 60000 = 300000 e) 6 · 70 = 420; 6 · 700 = 4200; 6 · 7000 = 42000; 6 · 70000 = 420000 f) 7 · 60 = 420; 7 · 600 = 4200; 7 · 6000 = 42000; 7 · 60000 = 420000

3 a)

·	7	3	9
4	28	12	36
30	210	90	270
100	700	300	900
5000	35000	15000	45000

b)

·	6	4	8
7	42	28	56
80	480	320	640
300	1800	1200	2400
2000	12000	8000	16000

4 a) 4 · 2 = 8; 4000 · 2 = 8000 b) 4 · 4 = 16; 4000 · 4 = 16000 c) 4 · 5 = 20; 4000 · 5 = 20000
d) 7 · 3 = 21; 7000 · 3 = 21000 e) 7 · 7 = 49; 7000 · 7 = 49000 f) 7 · 9 = 63; 7000 · 9 = 63000
g) 9 · 7 = 63; 9000 · 7 = 63000 h) 9 · 6 = 54; 9000 · 6 = 54000 i) 9 · 4 = 36; 9000 · 4 = 36000
j) 8 · 3 = 24; 800 · 3 = 2400 k) 8 · 7 = 56; 8000 · 7 = 56000 l) 8 · 6 = 48; 800 · 6 = 4800

Große Zahlen dividieren

1 a) 42 : 6 = 7; 420 : 6 = 70; 4200 : 6 = 700; 42000 : 6 = 7000 b) 35 : 7 = 5; 350 : 7 = 50; 3500 : 7 = 500; 35000 : 7 = 5000 c) 48 : 6 = 8; 480 : 6 = 80; 4800 : 6 = 800; 48000 : 6 = 8000
d) 45000 : 9 = 5000; 4500 : 9 = 500; 450 : 9 = 50; 45 : 9 = 5 e) 27000 : 3 = 9000; 2700 : 3 = 900; 270 : 3 = 90; 27 : 3 = 9 f) 27000 : 9 = 3000; 2700 : 9 = 300; 270 : 9 = 30; 27 : 9 = 3

2 a) 25 : 5 = 5; 250 : 5 = 50; 2500 : 5 = 500; 25000 : 5 = 5000 b) 63 : 9 = 7; 630 : 9 = 70; 6300 : 9 = 700; 63000 : 9 = 7000 c) 9 : 3 = 3; 90 : 3 = 30; 900 : 3 = 300; 9000 : 3 = 3000
d) 30000 : 6 = 5000; 3000 : 6 = 500; 300 : 6 = 50; 30 : 6 = 5 e) 54000 : 6 = 9000; 5400 : 6 = 900; 540 : 6 = 90; 54 : 6 = 9 f) 24000 : 6 = 4000; 2400 : 6 = 400; 240 : 6 = 40; 24 : 6 = 4

3 a)

:	4	8	2
16	4	2	8
1600	400	200	800
24	6	3	12
2400	600	300	1200

b)

:	6	9	1
18	3	2	18
1800	300	200	1800
36	6	4	36
3600	600	400	3600

4 a) 49 : 7 = 7; 49000 : 7 = 7000 b) 63 : 7 = 9; 63000 : 7 = 9000 c) 56 : 7 = 8; 5600 : 7 = 800
d) 56 : 8 = 7; 56000 : 8 = 7000 e) 32 : 8 = 4; 3200 : 8 = 400 f) 40 : 8 = 5; 40000 : 8 = 5000
g) 35 : 5 = 7; 35000 : 5 = 7000 h) 40 : 5 = 8; 40000 : 5 = 8000 i) 45 : 5 = 9; 45000 : 5 = 9000
j) 28 : 7 = 4; 2800 : 7 = 400 k) 81 : 9 = 9; 8100 : 9 = 900 l) 21 : 3 = 7; 21000 : 3 = 7000

Textverständnis

1

a) Morgen bekommt die Feuerwehr Altenrade 30 neue Schläuche. Jeder Schlauch ist 20 m lang. Wie viel Meter Schlauchleitung kann sie damit legen?
b) Die Feuerwehr Söven legte mit 30 m langen Schläuchen eine 90 m lange Leitung. Wie viele Schläuche hat sie zusammengesteckt?
c) Die Jugendfeuerwehr Holle steckte gestern 10 Schläuche zusammen. Jeder Schlauch war 15 m lang. Wie lang war die ganze Leitung?
d) Die Feuerwehr Waldrode hat 10 Schläuche mit je 20 m Länge und 15 Schläuche mit je 30 m Länge. Wie viele Schläuche hat sie?
e) Die Feuerwehr Arzdorf erhielt eine 120 m lange Schlauchleitung. Jeder einzelne Schlauch ist 20 m lang. Wie viele einzelne Schläuche sind es?
f) Die Feuerwehr Rott soll eine 120 m lange Schlauchleitung legen. Jeder Schlauch ist 30 m lang. Wie viele Schläuche braucht sie?

10 · 15 = 150 — Die Leitung war 150 m lang.
90 : 30 = 3 — Sie hat 3 Schläuche zusammengesteckt.
30 · 20 = 600 — Sie kann 600 m Schlauchleitung legen.
10 + 15 = 25 — Sie hat 25 Schläuche.
120 : 30 = 4 — Sie braucht 4 Schläuche.
120 : 20 = 6 — Es sind 6 Schläuche.

In d) werden nicht alle Angaben zum Ausrechnen gebraucht.

Schriftlich multiplizieren ohne Übertrag

1 a) 132 · 3 = 396; 3 · 2 = 6; 3 · 3 = 9; 3 · 1 = 3
b) 314 · 2 = 628; 2 · 4 = 8; 2 · 1 = 2; 2 · 3 = 6

2 a) 121 · 4 = 484 b) 213 · 3 = 639 c) 321 · 2 = 642 d) 112 · 3 = 336
e) 123 · 3 = 369 f) 123 · 2 = 246 g) 212 · 4 = 848 h) 321 · 3 = 963
i) 1122 · 4 = 4488 j) 1321 · 3 = 3963 k) 4343 · 2 = 8686 l) 3121 · 3 = 9363
246 336 339 369 484 639 642 848 963 3963 4488 8686 9363

3 Achte auf die Nullen.
a) 3040 · 2 = 6080 b) 3201 · 3 = 9603 c) 2010 · 4 = 8040 d) 302 · 3 = 906
e) 2030 · 3 = 6090 f) 1200 · 4 = 4800 g) 3400 · 2 = 6800 h) 1020 · 4 = 4080
i) 2201 · 4 = 8804 j) 3023 · 3 = 9069 k) 4042 · 2 = 8084 l) 2001 · 4 = 8004
906 4080 4800 5808 6080 6090 6800 8004 8040 8084 8804 9069 9603

4 Kannst du auch mit Riesenzahlen rechnen?
a) 42303 · 2 = 84606 b) 20213 · 3 = 60639 c) 10012 · 4 = 40048
d) 220101 · 4 = 880404 e) 112123 · 3 = 336369 f) 203203 · 3 = 609609
g) 130233 · 3 = 390699 h) 221001 · 4 = 884004 i) 402304 · 2 = 804608
40048 50234 60639 84606 336369 390699 609609 804608 880404 884004

5

Von rechts nach links rechnen. 5 Möglichst genau zeichnen.

Schriftlich multiplizieren

1 Frau Borg kauft 4 Stühle. Jeder kostet 215 €.
215 · 4 = 860

Frau Borg bezahlt zusammen 860 €.

2 Vergiss nicht den Übertrag.
a) 4 · 2 = 8; 4 · 3 = 12; 4 · 4 = 16; 4 · 5 = 20; 4 · 6 = 24; 4 · 7 = 28; 4 · 8 = 32; 4 · 9 = 36
b) 205 · 4 = 820 c) 124 · 4 = 496 d) 512 · 4 = 2048
e) 503 · 4 = 2012 f) 612 · 4 = 2448 g) 920 · 4 = 3680
h) 107 · 4 = 428 i) 412 · 4 = 1648 j) 218 · 4 = 872
428 496 820 872 900 1648 2012 2048 2448 3680

3 a) 3 · 5 = 15; 3 · 7 = 21; 5 · 4 = 20; 5 · 8 = 40; 6 · 5 = 30; 6 · 4 = 24; 6 · 6 = 36; 6 · 8 = 48
b) 704 · 3 = 2112 c) 405 · 3 = 1215 d) 517 · 3 = 1551
e) 804 · 5 = 4020 f) 414 · 5 = 2070 g) 312 · 5 = 1560
h) 504 · 6 = 3024 i) 314 · 6 = 1884 j) 816 · 6 = 4896
1215 1375 1551 1560 1884 2070 2112 3024 4020 4896

4 a) 7 · 3 = 21; 7 · 4 = 28; 7 · 5 = 35; 7 · 7 = 49; 8 · 6 = 48; 8 · 5 = 40; 8 · 3 = 24; 8 · 7 = 56
b) 451 · 7 = 3157 c) 137 · 7 = 959 d) 531 · 7 = 3717
e) 2033 · 8 = 16264 f) 1551 · 8 = 12408 g) 1067 · 8 = 8536
h) 1133 · 9 = 10197 i) 1651 · 9 = 14859 j) 1781 · 9 = 16029
836 959 3157 3717 8536 10197 12408 14859 16029 16264

2 Ein Übertrag. 3 Zwei Überträge. 4 Zwei oder drei Überträge.

Textverständnis Frage ohne Ergebnis, mit Ergebnis

1

Bäckerei RÜTH

	Kann ich beantworten.	Kann ich nicht beantworten.	Ergebnis
a) Wie viel kosten hier drei Brötchen?	X		90 ct
b) Wie viele Brötchen wurden gestern verkauft?		X	–
c) Wie viel kosten vier Brötchen?	X		1,20 €
d) Wie viele Brötchen erhalte ich für 1,20 €?	X		4 Brötchen
e) Wie viel kosten zwei Brote?		X	–
f) Wie viel kosten zehn Brötchen?	X		2 €
g) Wie viel kostet bei Rüth ein belegtes Brötchen?		X	–

2 **Bestellung**
Nächste Woche von Montag bis Freitag bitte täglich 6 Brötchen und am Samstag 10 Brötchen.
Familie Uhl

	Kann ich beantworten.	Kann ich nicht beantworten.	Ergebnis
a) Wie viele Brötchen erhält Familie Uhl nächste Woche Mittwoch?	X		6 Brötchen
b) Wie viele Brötchen erhält die Familie nächste Woche insgesamt?	X		40 Brötchen
c) Wie schwer sind 10 Brötchen?		X	–
d) Wie viele Brötchen erhält Familie Uhl diese Woche?		X	–

3

	Kann ich beantworten.	Kann ich nicht beantworten.	Ergebnis
a) Wie viel kosten in dieser Bäckerei zwei Hörnchen und eine Brezel?	X		1,70 €
b) Wie viele Hörnchen hat die Bäckerei heute gebacken?		X	–
c) Wie viel kosten hier sieben Brezeln und 20 Brötchen zusammen?		X	–
d) Wie viele Hörnchen erhalte ich für 3 €?	X		5 Hörnchen
e) Wie viele Brezeln erhalte ich für 2 €?	X		4 Brezeln
f) Was kannst du hier für 1,10 € kaufen?	X		1 Brezel und 1 Hörnchen

Die Fragen beziehen sich immer auf die hier genannten Bäckereien. Jeweils auch begründen, warum eine Antwort möglich bzw. nicht möglich ist.

Textverständnis

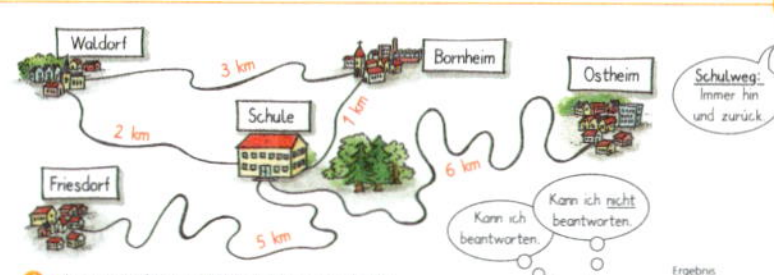

1

	Kann ich beantworten.	Kann ich nicht beantworten.	Ergebnis
a) Jasmin fährt täglich 7 km zur Schule und zurück. Wo wohnt sie?		X	–
b) Ulis täglicher Schulweg ist 12 km lang. Wo wohnt er?	X		In Ostheim
c) Lena geht jeden Tag 30 km zur Schule und zurück. Wo wohnt sie?		X	–
d) Lukas wohnt in Friesdorf. Wie lang ist sein täglicher Schulweg (hin und zurück)?	X		10 km
e) Vanessa wohnt in Ostheim. Sie will heute Lisa in Waldorf besuchen. Wie viel Kilometer muss sie fahren?	X		16 km

2

	Kann ich beantworten.	Kann ich nicht beantworten.	Ergebnis
a) Jede Woche hat Julian insgesamt 10 km Schulweg zu gehen. Wo wohnt er?	X		In Bornheim
b) Ira wohnt in Ostheim. In den Herbstferien hat sie im Schulgarten öfter Blumen gegossen. Wie viel Kilometer Weg hatte sie insgesamt?		X	–
c) Die Lehrerin Frau Maxrath wohnt in Friesdorf. Im letzten Schuljahr fuhr sie an 200 Tagen in die Schule. Wie viel Kilometer legte sie insgesamt zurück?	X		2000 km
d) Von den Weihnachtsferien bis zu den Osterferien waren es im letzten Jahr 10 Schulwochen. Wie viele Schultage waren das ungefähr?	X		50 Schultage
e) Elisabeth wohnt in Waldorf. Sie besucht öfter ihre Oma in Bornheim. Wie viel Kilometer fuhr sie im letzten Monat?		X	–

Texte und Skizze im Zusammenhang erfassen. Prüfen, ob die gegebenen Daten ausreichen, die Fragen zu beantworten. Ggf. im Kopf ausrechnen, Ergebnis eintragen.

Lösungen der Seiten 46 bis 54

Kommazahlen schriftlich multiplizieren

1. Eine Rose kostet 0,81 €. Wie viel kosten fünf Rosen?
   0,81 € · 5 = 4,05 €
   Zwei Stellen rechts vom Komma für ct.
   Fünf Rosen kosten 4,05 €.

2. Denke an das Komma.
   a) 6 · 1 = 6; 6 · 7 = 42; 2 · 9 = 18; 3 · 8 = 24; 4 · 5 = 20; 4 · 6 = 24; 5 · 5 = 25; 5 · 7 = 35
   b) 0,71 € · 6 = 4,26 €
   c) 0,72 € · 6 = 4,32 €
   d) 0,82 € · 3 = 2,46 €
   e) 0,93 € · 2 = 1,86 €
   f) 0,65 € · 4 = 2,60 €
   g) 0,57 € · 5 = 2,85 €
   1,86 € 2,46 € 2,60 € 2,85 € (3,30 €) 4,26 € 4,32 €

3. a) 3 · 7 = 21; 5 · 6 = 30; 6 · 7 = 42; 7 · 5 = 35; 5 · 8 = 40; 7 · 8 = 56; 4 · 9 = 36; 6 · 2 = 12
   b) 1,27 € · 3 = 3,81 €
   c) 1,29 € · 4 = 5,16 €
   d) 2,08 € · 5 = 10,40 €
   e) 2,16 € · 5 = 10,80 €
   f) 7,21 € · 6 = 43,26 €
   g) 8,15 € · 7 = 57,05 €
   3,81 € 5,16 € 10,40 € 10,80 € (14,42 €) 43,26 € 57,05 €

4. a) 3 · 2 = 6; 8 · 3 = 24; 3 · 4 = 12; 4 · 5 = 20; 8 · 6 = 48; 7 · 7 = 49; 6 · 8 = 48; 6 · 9 = 54
   b) 20,15 € · 4 = 80,60 €
   c) 40,22 € · 3 = 120,66 €
   d) 61,23 € · 8 = 489,84 €
   e) 72,21 € · 7 = 505,47 €
   f) 105,24 € · 2 = 210,48 €
   g) 218,19 € · 6 = 1309,14 €
   80,60 € 120,66 € 210,48 € (360,47 €) 489,84 € 505,47 € 1309,14 €

Zehner- und Hunderterzahlen schriftlich multiplizieren

1. Die Nordschule verbraucht täglich etwa 30 Flaschen Wasser. Wie viele Flaschen braucht sie für 182 Schultage im Jahr?
   182 · 30 = 5460 (mal 10)
   Die Schule braucht 5460 Flaschen im Jahr.

2. Multipliziere mit Zehnerzahlen.
   a) 4 · 6 = 24; 3 · 7 = 21; 4 · 7 = 28; 8 · 7 = 56; 3 · 8 = 24; 4 · 8 = 32; 7 · 8 = 56; 6 · 9 = 54
   b) 72 · 30 = 2160
   c) 93 · 30 = 2790
   d) 81 · 30 = 2430
   e) 72 · 80 = 5760
   f) 93 · 60 = 5580
   g) 81 · 70 = 5670
   h) 182 · 40 = 7280
   i) 162 · 40 = 6480
   j) 127 · 40 = 5080
   2160 2430 2790 (3450) 5080 5580 5670 5760 6480 7280

3. a) 5 · 8 = 40; 5 · 9 = 45; 6 · 6 = 36; 7 · 4 = 28; 7 · 9 = 63; 8 · 5 = 40; 9 · 9 = 81; 6 · 7 = 42
   b) 209 · 50 = 10450
   c) 307 · 60 = 18420
   d) 408 · 70 = 28560
   e) 218 · 50 = 10900
   f) 316 · 60 = 18960
   g) 219 · 70 = 15330
   h) 271 · 80 = 21680
   i) 361 · 90 = 32490
   j) 752 · 80 = 60160
   (9460) 10450 10900 15330 18420 18960 21680 28560 32490 60160

4. Multipliziere mit Hunderterzahlen.
   a) 3 · 7 = 21; 3 · 8 = 24; 3 · 9 = 27; 4 · 5 = 20; 4 · 4 = 16; 7 · 6 = 42; 9 · 3 = 27; 9 · 9 = 81
   b) 72 · 300 = 21600
   c) 83 · 300 = 24900
   d) 91 · 300 = 27300
   e) 72 · 800 = 57600
   f) 61 · 700 = 42700
   g) 54 · 400 = 21600
   h) 121 · 400 = 48400
   i) 207 · 600 = 124200
   j) 319 · 900 = 287100
   21600 21600 (23400) 24900 27300 42700 48400 57600 124200 287100

Kilometer und Meter Kommaschreibweise

1. Trage in die Tabelle ein. Schreibe mit Komma.
   Das Komma trennt Kilometer und Meter.

		Kilometer H	Kilometer Z	Kilometer E	Meter H	Meter Z	Meter E	
a)	1 km 50 m			1	0	5	0	1,050 km
	1 km 75 m			1	0	7	5	1,075 km
	1 km 5 m			1	0	0	5	1,005 km
	11 km 105 m		1	1	1	0	5	11,105 km
	15 km 9 m		1	5	0	0	9	15,009 km
	25 km 60 m		2	5	0	6	0	25,060 km
	190 km 999 m	1	9	0	9	9	9	190,999 km
b)	1 km 500 m			1	5	0	0	1,500 km
	1 km 300 m			1	3	0	0	1,300 km
	10 km 250 m		1	0	2	5	0	10,250 km
	12 km 125 m		1	2	1	2	5	12,125 km
	30 km 705 m		3	0	7	0	5	30,705 km
	100 km 375 m	1	0	0	3	7	5	100,375 km
	250 km 600 m	2	5	0	6	0	0	250,600 km

2. Wandle um. Schreibe mit Komma.
   1 km = 1000 m

		Kilometer H	Kilometer Z	Kilometer E	Meter H	Meter Z	Meter E	
a)	65 m					6	5	0,065 km
	6 m						6	0,006 km
	95 m					9	5	0,095 km
	650 m				6	5	0	0,650 km
	6006 m			6	0	0	6	6,006 km
	60650 m		6	0	6	5	0	60,650 km
	650600 m	6	5	0	6	0	0	650,600 km
b)	10500 m		1	0	5	0	0	10,500 km
	15250 m		1	5	2	5	0	15,250 km
	125000 m	1	2	5	0	0	0	125,000 km
	130500 m	1	3	0	5	0	0	130,500 km
	150550 m	1	5	0	5	5	0	150,550 km
	50750 m		5	0	7	5	0	50,750 km
	5755 m			5	7	5	5	5,755 km

Drei Stellen rechts vom Komma

Meter, Zentimeter und Millimeter

1. Wie lang sind die Strecken?
   a) 10 cm
   b) 11 cm
   c) 13 cm
   d) 12 cm
   e) 8 cm
   f) 14 cm

2. Wie lang sind die Strecken?
   a) 7 cm = 70 mm
   b) 4 cm = 40 mm
   c) 6 cm = 60 mm
   d) 9 cm = 90 mm
   e) 11 cm = 110 mm

3. a) 3 cm 5 mm = 35 mm
   b) 7 cm 5 mm = 75 mm
   c) 8 cm 5 mm = 85 mm
   d) 5 cm 2 mm = 52 mm
   e) 6 cm 7 mm = 67 mm

4. Zeichne die Strecken.
   a) 100 mm
   b) 120 mm
   c) 108 mm
   d) 93 mm

5. Wandle um und zeichne.
   a) $2\frac{1}{2}$ cm = 25 mm
   b) $4\frac{1}{2}$ cm = 45 mm
   c) $10\frac{1}{2}$ cm = 105 mm
   d) $6\frac{1}{2}$ cm = 65 mm

Mit einem Lineal messen und mit spitzem Bleistift zeichnen

Rechte Winkel

1. Wo siehst du rechte Winkel? Prüfe und kennzeichne.

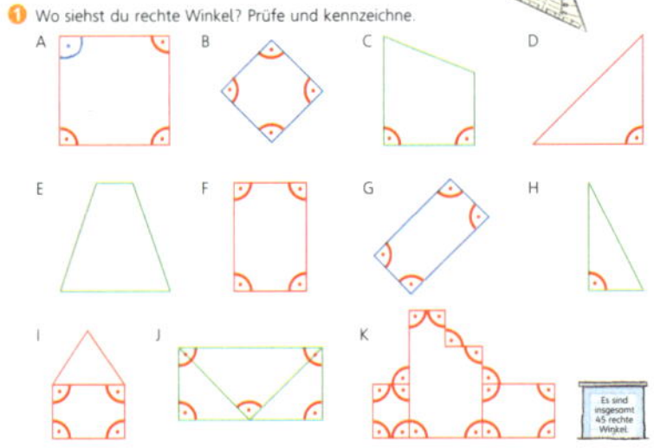

2. Zeichne mit dem Geodreieck eigene Figuren mit rechten Winkeln.

2 Den Partner/die Partnerin prüfen lassen.

Parallele Linien

1. Welche Linien verlaufen parallel? Färbe sie mit derselben Farbe.

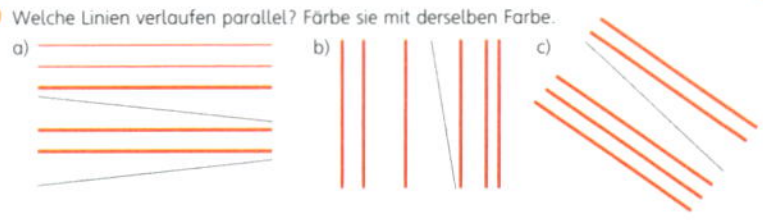

2. Zeichne jeweils zwei weitere parallele Linien.

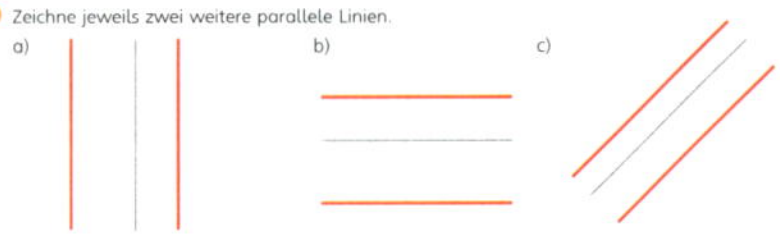

3. Zeichne die Figuren ab. Färbe parallele Seiten mit derselben Farbe.

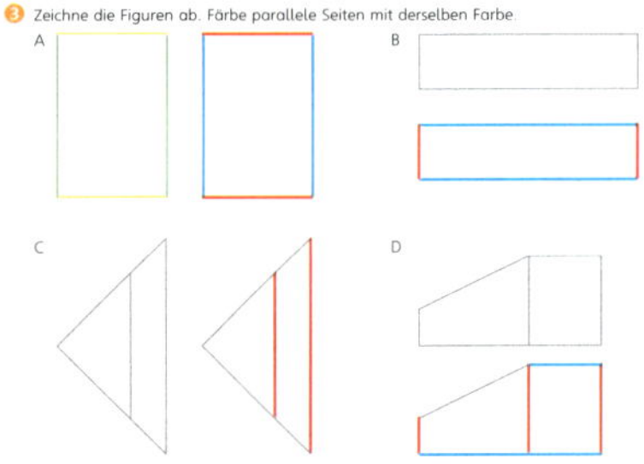

Mit dem Geodreieck zeichnen

Mit einer zweistelligen Zahl schriftlich multiplizieren

1. a) 2 · 2 = 4; 20 · 2 = 40; 20 · 3 = 60; 20 · 4 = 80; 30 · 2 = 60; 30 · 6 = 180; 50 · 2 = 100; 50 · 6 = 300
   b) 43 · 21: 860 + 43 = 903 (addiere)
   c) 24 · 21: 480 + 24 = 504
   d) 24 · 12: 240 + 48 = 288
   e) 62 · 13: 620 + 186 = 806
   f) 62 · 31: 1860 + 62 = 1922
   g) 62 · 52: 3100 + 124 = 3224
   288 504 806 903 (1516) 1922 3224

2. a) 4 · 5 = 20; 3 · 7 = 21; 5 · 7 = 35; 4 · 8 = 32; 4 · 9 = 36; 30 · 3 = 90; 60 · 5 = 300; 20 · 7 = 140; 50 · 7 = 350; 30 · 8 = 240; 40 · 8 = 320
   b) 132 · 32: 3960 + 264 = 4224
   c) 121 · 34: 3630 + 484 = 4114
   d) 202 · 31: 6060 + 202 = 6262
   e) 712 · 25: 14240 + 3560 = 17800
   f) 809 · 34: 24270 + 3236 = 27506
   g) 505 · 64: 30300 + 2020 = 32320
   h) 181 · 42: 7240 + 362 = 7602
   i) 280 · 42: 11200 + 560 = 11760
   j) 271 · 53: 13550 + 813 = 14363
   (3112) 4114 4224 6262 7602 11760 14363 17800 27506 32320

3. a) 50 · 4 = 200; 40 · 5 = 200; 80 · 5 = 400; 80 · 6 = 480; 90 · 6 = 540; 80 · 7 = 560; 90 · 7 = 630; 90 · 8 = 720; 20 · 9 = 180; 40 · 9 = 360; 80 · 9 = 720
   b) 512 · 43: 20480 + 1536 = 22016
   c) 92 · 24: 1840 + 368 = 2208
   d) 823 · 13: 8230 + 2469 = 10699
   e) 817 · 96: 73530 + 4902 = 78432
   f) 706 · 85: 56480 + 3530 = 60010
   g) 915 · 44: 36600 + 3660 = 40260
   h) 431 · 56: 21550 + 2586 = 24136
   i) 167 · 93: 15030 + 501 = 15531
   j) 951 · 84: 76080 + 3804 = 79884
   (1307) 2208 10699 15531 22016 24136 40260 60010 78432 79884

Erst mit der Zehnerzahl multiplizieren, dann mit der Einerzahl.

Mit einer dreistelligen Zahl schriftlich multiplizieren

1. a) 301 · 132: 30100 + 9030 + 602 = 39732 (addiere)
   b) 213 · 132: 21300 + 6390 + 426 = 28116
   c) 432 · 211: 86400 + 4320 + 432 = 91152
   d) 612 · 423: 244800 + 12240 + 1836 = 258876
   e) 721 · 324: 216300 + 14420 + 2884 = 233604
   f) 820 · 342: 246000 + 32800 + 1640 = 280440
   28116 (32105) 39732 91152 233604 258876 280440

2. a) 532 · 103: 53200 (mal 100) + 0000 (mal 0) + 1596 (mal 3) = 54796 (addiere)
   b) 36 · 213: 7200 + 360 + 108 = 7668
   c) 825 · 312: 247500 + 8250 + 1650 = 257400
   d) 605 · 445: 242000 + 24200 + 3025 = 269225
   e) 913 · 722: 639100 + 18260 + 1826 = 659186
   f) 724 · 996: 651600 + 65160 + 4344 = 721104
   (4268) 7668 54796 257400 269225 659186 721104

3. a) 472 · 111: 47200 + 4720 + 472 = 52392
   b) 625 · 222: 125000 + 12500 + 1250 = 138750
   c) 26 · 333: 7800 + 780 + 78 = 8658
   d) 812 · 444: 324800 + 32480 + 3248 = 360528
   e) 905 · 616: 543000 + 9050 + 5430 = 557480
   f) 534 · 727: 373800 + 10680 + 3738 = 388218
   8658 (9124) 52392 138750 360528 388218 557480

4.

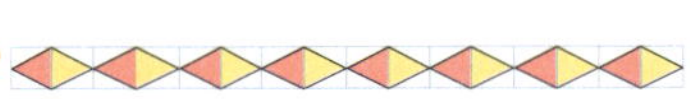

1 bis 3 Auf sofortige Selbstkontrolle achten.

Kommazahlen schriftlich multiplizieren

1. Opa Krause spielt jede Woche für 7,50 € Lotto. Ein Jahr hat 52 Wochen.
   7,50 € · 52: 37500 + 1500 = 390,00 €

2. Vergiss das Komma nicht.
   a) 1,31 € · 52: 6550 + 262 = 68,12 €
   b) 2,01 € · 52: 10050 + 402 = 104,52 €
   c) 4,11 € · 52: 20550 + 822 = 213,72 €
   d) 4,26 € · 12: 4260 + 852 = 51,12 €
   e) 3,18 € · 21: 6360 + 318 = 66,78 €
   f) 0,83 € · 12: 830 + 166 = 9,96 €
   (4,53 €) 9,96 € 51,12 € 66,78 € 68,12 € 104,52 € 213,72 €

3. a) 2,43 € · 36: 7290 + 1458 = 87,48 €
   b) 3,52 € · 45: 14080 + 1760 = 158,40 €
   c) 0,54 € · 27: 1080 + 378 = 14,58 €
   d) 9,17 € · 56: 45850 + 5502 = 513,52 €
   e) 8,26 € · 73: 57820 + 2478 = 602,98 €
   f) 7,09 € · 48: 28360 + 5672 = 340,32 €
   14,58 € 87,48 € (93,16 €) 158,40 € 340,32 € 513,52 € 602,98 €

4. a) 92,35 € · 32: 277050 + 18470 = 2955,20 €
   b) 212,50 € · 42: 850000 + 42500 = 8925,00 €
   c) 210,30 € · 52: 1051500 + 42060 = 10935,60 €
   d) 82,00 € · 63: 492000 + 24600 = 5166,00 €
   e) 608,25 € · 21: 1216500 + 60825 = 12773,25 €
   f) 521,75 € · 34: 1565250 + 208700 = 17739,50 €
   (1426,58 €) 2955,20 € 5166,00 € 8925,00 € 10935,60 € 12773,25 € 17739,50 €

Lösungen der Seiten 55 bis 63

Sachaufgaben

	Übernachtung	Abendessen
Erwachsene	19 €	6,50 €
Kinder	14 €	4,50 €

1. Herr Ohme bezahlt für die Übernachtung seiner Kinder 42 €.
Frage: Wie viele Kinder sind es?
42 € − 14 € = 28 €
28 € − 14 € = 14 €
Antwort: Es sind 3 Kinder.

2. Familie Kahl bezahlte für die Übernachtung ihrer Kinder 56 €.
Frage: Wie viele Kinder hatte sie bei sich?
56 € − 14 € = 42 €
42 € − 14 € = 28 €
28 € − 14 € = 14 €
Antwort: Familie Kahl hatte 4 Kinder bei sich.

3. Die Klasse 4c bucht für 25 Kinder eine Übernachtung.
Frage: Wie viel kostet die Übernachtung?
14 € · 25
280
70
350 €
Antwort: Die Übernachtung der Klasse 4c kostet 350 €.

4. Die Klasse 4b bucht zwei Übernachtungen für 21 Kinder.
Frage: Wie viel kosten die Übernachtungen zusammen?
21 · 2 = 42
14 € · 42
560
28
588 €
Antwort: Insgesamt kostet die Übernachtung der Klasse 4b 588 €.

5. Die Klasse 4d möchte mit 23 Kindern zu Abend essen. In der Klassenkasse sind noch 100 €.
Frage: Wie viel Geld fehlt den Kindern für das Abendessen?
4,50 € · 23
9000
1350
103,50 €
Antwort: Es fehlen 3,50 €.

6. Für ein weiteres Kind bucht die Klasse 4a noch drei Übernachtungen.
Frage: Wie viel kosten die 3 Übernachtungen?
14 € · 3 = 42 €
Antwort: Die 3 Übernachtungen kosten 42 €.

Kilogramm und Tonne Kommaschreibweise

1. Trage in die Tabelle ein. Wie heißt die Zahl?

Das Komma trennt Tonne und Kilogramm.

		Tonne H	Tonne Z	Tonne E	Kilogramm H	Kilogramm Z	Kilogramm E	
a)	4 t 50 kg			4	0	5	0	4,050 t
	4 t 300 kg			4	3	0	0	4,300 t
	5 t 500 kg			5	5	0	0	5,500 t
	6 t			6	0	0	0	6,000 t
	10 t 900 kg		1	0	9	0	0	10,900 t
	12 t 60 kg		1	2	0	6	0	12,060 t
	125 t	1	2	5	0	0	0	125,000 t
b)	2 t			2	0	0	0	2,000 t
	3 t 500 kg			3	5	0	0	3,500 t
	5 t 600 kg			5	6	0	0	5,600 t
	7 t 500 kg			7	5	0	0	7,500 t
	10 t		1	0	0	0	0	10,000 t
	11 t 111 kg		1	1	1	1	1	11,111 t
	250 t	2	5	0	0	0	0	250,000 t

2. Wandle um. Schreibe mit Komma.

1 t = 1000 kg

		Tonne H	Tonne Z	Tonne E	Kilogramm H	Kilogramm Z	Kilogramm E	
a)	100 kg				1	0	0	0,100 t
	50 kg					5	0	0,050 t
	750 kg				7	5	0	0,750 t
	4800 kg			4	8	0	0	4,800 t
	6250 kg			6	2	5	0	6,250 t
	10500 kg		1	0	5	0	0	10,500 t
	12200 kg		1	2	2	0	0	12,200 t
b)	9090 kg			9	0	9	0	9,090 t
	850 kg				8	5	0	0,850 t
	8120 kg			8	1	2	0	8,120 t
	16550 kg		1	6	5	5	0	16,550 t
	150 kg				1	5	0	0,150 t
	133430 kg	1	3	3	4	3	0	133,430 t
	120650 kg	1	2	0	6	5	0	120,650 t

Gramm und Kilogramm

1. Verbinde immer die zwei passenden Karten.

a) 1100 g – 1 kg 100 g; 1010 g – 1 kg 10 g; 10110 g – 10 kg 110 g; 1101 g – 1 kg 101 g; 10010 g – 10 kg 10 g

b) 2 kg 500 g – 2,500 kg; 20 kg 500 g – 20,500 kg; 2 kg 50 g – 2,050 kg; 2 kg 5 g – 2,005 kg; 20050 g – 20,050 kg

c) 750 g – 0,750 kg; 1,750 kg – 1 kg 750 g; 17500 g – 17,500 kg; 7 kg 750 g – 7,750 kg; 7,500 kg – 7500 g

2. Finde jeweils eine weitere Schreibweise.

1 kg = 1000 g

a)		b)	
5000 g	5,000 kg	4 kg 60 g	4060 g
3500 g	3,500 kg	1 kg 75 g	1075 g
12000 g	12,000 kg	500 g	0,500 kg
6 kg 400 g	6,400 kg	9,500 kg	9500 g
35 kg 500 g	35,500 kg	0,250 kg	250 g
8 kg 375 g	8,375 kg	3,080 kg	3080 g

Textverständnis

Welche Rechnung passt? Kreuze an. Rechne und antworte.

1. Eine Zuckerrübe enthält etwa 100 g Zucker. Wie viel Zucker enthalten 10 Rüben?

- [x] 100 g · 10 = 1000 g
- [ ] 100 g : 10 = – g

Antwort: 10 Rüben enthalten 1000 g Zucker.

2. Aus 300 t Zuckerrüben gewinnt man 42 t Zucker. Wie viele 1-kg-Pakete sind das?

- [ ] 300 t + 42 t = – t
- [x] 42 t = 42000 kg
- [ ] 42 t · 300 = – g

Antwort: Das sind 42000 1-kg-Pakete.

3. Ein Lkw hat bei jeder Fahrt etwa 22 t Rüben geladen. Er fährt 20-mal. Wie viele Tonnen Rüben sind das?
- [ ] 22 t : 20 = – t
- [ ] 22 t + 20 = – t
- [x] 22 t · 20 = 440 t

Antwort: Es sind 440 t Rüben.

4. In einen Waggon passen 24 t Rüben. Wie viele Tonnen Rüben können von acht Waggons transportiert werden?
- [ ] 24 t − 8 t = – t
- [x] 8 · 24 t = 192 t
- [ ] 24 t : 8 = – t

Antwort: Von acht Waggons können 192 t Rüben transportiert werden.

5. Im Geschäft kosten 10 kg Zucker 9 €. Wie viel kostet 1 kg Zucker?
- [ ] 90 ct : 10 = –
- [ ] 10 · 90 ct = –
- [x] 9,00 € : 10 = 0,90 €

Antwort: 1 kg Zucker kostet im Geschäft 0,90 € oder 90 ct.

6. Landwirt Heck erhält von der Fabrik für 1 t Rüben 50 €. Wie viel bekommt er für 5 t?
- [x] 5 · 50 € = 250 €
- [ ] 50 € : 5 = –
- [ ] 5000 · 50 € = –

Antwort: Landwirt Heck erhält von der Fabrik 250 € für 5 t Rüben.

7. Bauer Schmitz erhielt für 20 Tonnen Rüben 1000 €. Wie viel zahlte die Fabrik für eine Tonne?
- [ ] 20 · 1000 € = –
- [ ] 1000 € : 100 = –
- [x] 1000 € : 20 = 50 €

Antwort: Die Fabrik zahlte an Bauer Schmitz 50 € für eine Tonne Rüben.

Kreise – Muster

1. Zeichne um jeden Punkt einen Kreis mit dem Radius 2 cm.

a) b)

2. Setze die Muster fort. Male sie an.

a) b) c)

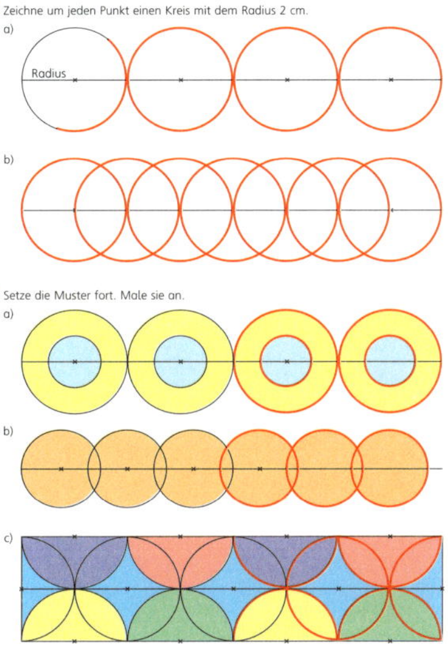

Textverständnis

1. Welche Rechengeschichte passt? Kreuze an.

a) 56 : 2 = 28
- [ ] Marie und Luisa wiegen zusammen 56 kg. Luisa hat 2 kg zugenommen.
- [ ] Die Bäckerei verbrauchte in der letzten Woche 56 kg Zucker. In dieser Woche ist es doppelt so viel.
- [x] Frau Sommer wiegt 56 kg. Ihr Sohn wiegt halb so viel.

b) 3000 − 325 = 2675
- [ ] Familie Schnell ist auf einer Wanderung. Nach 3 km will sie eine Pause machen. Jan hat 325 Bäume gezählt.
- [ ] Jana läuft 3 km in 325 Minuten. Tom schafft nur die Hälfte.
- [x] Fabian fährt zum Schwimmbad. Es liegt 3 km entfernt. 325 m hat er schon geschafft.

c) 4750 + 300 = 5050
- [ ] Ein Auto soll 4750 € kosten. Der Händler gibt es Familie Voss 300 € billiger.
- [x] Familie Wolf hat ein Auto für 4750 € gekauft. Für die Reifen muss sie noch 300 € bezahlen.
- [ ] Das Auto ist 4750 km gefahren. In der letzten Woche waren es 300 km.

2. Kreuze die passende Rechengeschichte an.

a) 9 · 26 = 234
- [x] Die 4. Klasse hat in der Woche 26 Stunden Unterricht. Bis zu den nächsten Ferien sind es noch neun Wochen.
- [ ] In der Klasse 3a sind 26 Kinder. Sie erhält neun E-Mails von der Partnerklasse.
- [ ] Jessica hat 26 € gespart. Sie bekommt pro Monat 9 € Taschengeld.

b) 216 : 6 = 36
- [ ] 216 Kinder fahren in den Zoo. Sechs Kinder dürfen nicht mitfahren.
- [x] Die Südschule fährt mit 216 Kindern in die Jugendherberge. Immer sechs Kinder schlafen in einem Zimmer.
- [ ] Die Schule bestellt 216 Mathematikbücher. Es kommen noch sechs Förderhefte dazu.

c) 3 · 20 + 5 = 65
- [ ] Die Klasse 4b geht mit drei Lehrerinnen und fünf Müttern ins Theater.
- [ ] 20 Klassen gehen ins Theater. In jeder Klasse sind fünf Kinder.
- [x] Es gehen drei Klassen mit insgesamt fünf Begleitern ins Theater. In jeder Klasse sind 20 Kinder.

Ausrechnen und evtl. passende Fragen und Antworten formulieren.

Halbschriftlich dividieren

1. a) · 4

10	40
100	400
200	800
60	240
40	160
80	320
70	280
90	360

b) 640 : 4
400 : 4 = 100
240 : 4 = 60
640 : 4 = 160

c) 680 : 4
400 : 4 = 100
280 : 4 = 70
680 : 4 = 170

d) 760 : 4
400 : 4 = 100
360 : 4 = 90
760 : 4 = 190

e) 960 : 4
800 : 4 = 200
160 : 4 = 40
960 : 4 = 240

f) 840 : 4
800 : 4 = 200
40 : 4 = 10
840 : 4 = 210

g) 560 : 4
400 : 4 = 100
160 : 4 = 40
560 : 4 = 140

120 140 160 170 190 210 240

2. a) · 8

50	400
500	4000
60	480
600	4800
70	560
700	5600
90	720
900	7200

b) 4720 : 8
4000 : 8 = 500
720 : 8 = 90
4720 : 8 = 590

c) 5200 : 8
4800 : 8 = 600
400 : 8 = 50
5200 : 8 = 650

d) 2960 : 8
2400 : 8 = 300
560 : 8 = 70
2960 : 8 = 370

e) 5760 : 8
5600 : 8 = 700
160 : 8 = 20
5760 : 8 = 720

f) 3440 : 8
3200 : 8 = 400
240 : 8 = 30
3440 : 8 = 430

g) 4160 : 8
4000 : 8 = 500
160 : 8 = 20
4160 : 8 = 520

370 430 490 520 590 650 720

3. a) · 7

100	700
40	280
50	350
500	3500
300	2100
600	4200
70	490
80	560

b) 6790 : 7
6300 : 7 = 900
490 : 7 = 70
6790 : 7 = 970

c) 2450 : 7
2100 : 7 = 300
350 : 7 = 50
2450 : 7 = 350

d) 4480 : 7
4200 : 7 = 600
280 : 7 = 40
4480 : 7 = 640

e) 4060 : 7
3500 : 7 = 500
560 : 7 = 80
4060 : 7 = 580

f) 3220 : 7
2800 : 7 = 400
420 : 7 = 60
3220 : 7 = 460

g) 5810 : 7
5600 : 7 = 800
210 : 7 = 30
5810 : 7 = 830

350 420 460 580 640 830 970

1 bis 3 a) Vorübungen für b) bis g).

Halbschriftlich dividieren

1. a) · 3

70	210
700	2100
400	1200
900	2700
1000	3000
2000	6000
3000	9000
5000	15000

b) 6240 : 3
6000 : 3 = 2000
240 : 3 = 80
6240 : 3 = 2080

c) 4200 : 3
3000 : 3 = 1000
1200 : 3 = 400
4200 : 3 = 1400

d) 5700 : 3
3000 : 3 = 1000
2700 : 3 = 900
5700 : 3 = 1900

e) 9210 : 3
9000 : 3 = 3000
210 : 3 = 70
9210 : 3 = 3070

f) 6900 : 3
6000 : 3 = 2000
900 : 3 = 300
6900 : 3 = 2300

g) 7800 : 3
6000 : 3 = 2000
1800 : 3 = 600
7800 : 3 = 2600

1400 1900 2080 2300 2400 2600 3070

2. a) · 6

20	120
200	1200
50	300
500	3000
60	360
600	3600
300	1800
400	2400

b) 1320 : 6
1200 : 6 = 200
120 : 6 = 20
1320 : 6 = 220

c) 2100 : 6
1800 : 6 = 300
300 : 6 = 50
2100 : 6 = 350

d) 3360 : 6
3000 : 6 = 500
360 : 6 = 60
3360 : 6 = 560

e) 5580 : 6
5400 : 6 = 900
180 : 6 = 30
5580 : 6 = 930

f) 1620 : 6
1200 : 6 = 200
420 : 6 = 70
1620 : 6 = 270

g) 2880 : 6
2400 : 6 = 400
480 : 6 = 80
2880 : 6 = 480

220 250 270 350 480 560 930

3. a) · 9

20	180
30	270
300	2700
40	360
400	3600
500	4500
90	810
800	7200

b) 8010 : 9
7200 : 9 = 800
810 : 9 = 90
8010 : 9 = 890

c) 3960 : 9
3600 : 9 = 400
360 : 9 = 40
3960 : 9 = 440

d) 2880 : 9
2700 : 9 = 300
180 : 9 = 20
2880 : 9 = 320

e) 4770 : 9
4500 : 9 = 500
270 : 9 = 30
4770 : 9 = 530

f) 5580 : 9
5400 : 9 = 600
180 : 9 = 20
5580 : 9 = 620

g) 6570 : 9
6300 : 9 = 700
270 : 9 = 30
6570 : 9 = 730

320 350 440 530 620 730 890

1 bis 3 a) Vorübungen für b) bis g).

Schriftlich dividieren

1. a) 872 : 2 = 436
− 8, 07, − 6, 12, − 12, 0

Immer wieder: erst dividieren, dann multiplizieren, danach subtrahieren.

b) 494 : 2 = 247
− 4, 09, − 8, 14, − 14, 0

c) 872 : 4 = 218
− 8, 07, − 4, 32, − 32, 0

d) 472 : 4 = 118
− 4, 07, − 4, 32, − 32, 0

118 209 218 247 436

2. a) 966 : 6 = 161
6, 36, 36, 06, 6, 0

b) 996 : 6 = 166
6, 39, 36, 36, 36, 0

c) 756 : 6 = 126
6, 15, 12, 36, 36, 0

d) 723 : 3 = 241
6, 12, 12, 03, 3, 0

e) 875 : 5 = 175
5, 37, 35, 25, 25, 0

f) 994 : 7 = 142
7, 29, 28, 14, 14, 0

126 142 161 166 175 214 241

3. a) 124 : 2 = 62
12, 04, 4, 0

b) 168 : 2 = 84
16, 08, 8, 0

c) 186 : 2 = 93
18, 06, 6, 0

d) 192 : 6 = 32
18, 12, 12, 0

e) 176 : 8 = 22
16, 16, 16, 0

f) 196 : 4 = 49
16, 36, 36, 0

22 32 49 58 62 84 93

3 Die beiden ersten Stellen zusammenfassen.

Lösungen der Seiten 64 bis 72

64 Schriftlich dividieren

1 a) 8652 : 4 = 2163 b) 6575 : 5 = 1315

2 a) 1694 : 2 = 847 b) 2476 : 4 = 619 c) 4872 : 6 = 812
d) 7296 : 8 = 912 e) 2784 : 3 = 928 f) 8199 : 9 = 911

3 a) 1598 : 2 = 799 b) 1744 : 4 = 436 c) 3344 : 4 = 836
d) 4768 : 8 = 596 e) 2072 : 8 = 259 f) 5658 : 6 = 943

2 und 3 Die beiden ersten Stellen zusammenfassen

65 Körper – Netze

1 Wie heißen die Körper? Trage die Anzahlen der Flächen, Ecken und Kanten ein.

	Prisma	Würfel	Kugel	Zylinder	Quader	Kegel	Pyramide
Flächen	5	6	1	3	6	2	5
Ecken	6	8	0	0	8	1	5
Kanten	9	12	0	2	12	1	8

2 Entscheide: **Würfelnetz** oder **Quadernetz**.

A Würfelnetz B Quadernetz C Würfelnetz D Quadernetz E Quadernetz

2 Zur Ergebniskontrolle Netze auf Karopapier übertragen, ausschneiden und falten. Evtl. gegenüberliegende Flächen gleich anmalen.

66 Milliliter und Liter

1 a) 1000 ml, 500 ml, 1000 ml, 1500 ml
b) 2000 ml, 1500 ml, 2000 ml

2 a) 250 ml, 500 ml, 1250 ml, 1500 ml
b) 750 ml, 1000 ml, 1250 ml

3 Vergleiche.

a) 1 ml < 1 l; 10 ml < 1 l; 100 ml < 1 l; 1000 ml = 1 l
b) 200 ml < ¼ l; 400 ml < ½ l; 600 ml > ½ l; 1000 ml > ½ l
c) 100 ml < ¼ l; 1000 ml > ½ l; 500 ml > ¼ l; 250 ml = ¼ l
d) 250 ml < 1 l; 500 ml = ½ l; 750 ml > ½ l; 900 ml < 1 l
e) 2000 ml > 1 l; 2500 ml > 1½ l; 2500 ml = 2½ l; 3000 ml < 5 l
f) 1500 ml = 1½ l; 1250 ml < 1½ l; 1250 ml = 1¼ l; 1750 ml > 1½ l

67 Schriftlich dividieren durch Zehnerzahlen

1 a) ·30: 1 → 30, 2 → 60, 3 → 90, 6 → 180, 4 → 120, 8 → 240, 7 → 210, 5 → 150
b) 840 : 30 = 28 c) 450 : 30 = 15 d) 510 : 30 = 17 e) 960 : 30 = 32

2 a) ·60: 2 → 120, 4 → 240, 5 → 300, 10 → 600, 3 → 180, 6 → 360, 7 → 420, 8 → 480
b) 720 : 60 = 12 c) 960 : 60 = 16 d) 4080 : 60 = 68 e) 4500 : 60 = 75

3 a) ·90: 10 → 900, 5 → 450, 4 → 360, 2 → 180, 6 → 540, 3 → 270, 1 → 90, 9 → 810, 7 → 630, 8 → 720, 0 → 0
b) 990 : 90 = 11 c) 4770 : 90 = 53 d) 7020 : 90 = 78 e) 4140 : 90 = 46 f) 8280 : 90 = 92 g) 1980 : 90 = 22

1 bis 3 a) als Hilfsaufgaben für das schriftliche Dividieren nutzen

68 Schriftlich dividieren durch Zehnerzahlen

1 a) ·40: 5 → 200, 10 → 400, 9 → 360, 8 → 320, 4 → 160, 3 → 120, 6 → 240, 2 → 80
b) 920 : 40 = 23 c) 1440 : 40 = 36 d) 1960 : 40 = 49 e) 2280 : 40 = 57

2 a) ·80: 2 → 160, 4 → 320, 8 → 640, 3 → 240, 6 → 480, 9 → 720, 0 → 0, 10 → 800
b) 5520 : 80 = 69 c) 5840 : 80 = 73 d) 2240 : 80 = 28 e) 3600 : 80 = 45

3 a) ·70: 7 → 490, 8 → 560, 4 → 280, 2 → 140, 3 → 210, 6 → 420, 9 → 630, 0 → 0, 1 → 70, 10 → 700, 5 → 350
b) 3780 : 70 = 54 c) 1890 : 70 = 27 d) 2730 : 70 = 39 e) 6860 : 70 = 98 f) 4270 : 70 = 61 g) 6020 : 70 = 86

1 bis 3 a) als Hilfsaufgaben für das schriftliche Dividieren nutzen

69 Zeitpunkte – Sekunden

1 Verbinde gleiche Zeitpunkte.

03:00 20 · 05:15 00 · 07:00 40 · 03:00 05 · 09:05 50 · 10:08 30 · 09:05 55 · 12:30 45 · 12:55 25 · 15:00 10 · 18:47 17 · 19:59 55 · 21:20 17 · 23:20 07

An Spieluhren Uhrzeiten einstellen.

70 Zeitspannen

1 Wie viel Zeit ist vergangen?

a) 09:30 Uhr → 2 h 5 min → 11:35 Uhr
b) 11:00 Uhr → 4 h 5 min → 15:05 Uhr
c) 03:30 Uhr → 6 h 10 min → 09:40 Uhr
d) 01:00 Uhr → 3 h 15 min → 04:15 Uhr
e) 02:00 Uhr → 9 h 5 min → 11:05 Uhr
f) 08:15 Uhr → 5 h 10 min → 13:25 Uhr
g) 05:45 Uhr → 1 h 8 min → 06:53 Uhr
h) 06:10 Uhr → 8 h 20 min → 14:30 Uhr

2 Verbinde gleiche Zeitspannen.

a) 1 Jahr, 1 Woche, 24 Monate, 28 Tage — 7 Tage, 52 Wochen, 4 Wochen, 2 Jahre
b) 1 Tag, 12 Stunden, 6 Stunden, 365 Tage, 5 min — 24 Stunden, 1 Jahr, ¼ Tag, 300 s, 360 min

Evtl. Zeiten an einer Spieluhr einstellen.

71 Flächeninhalt und Umfang

1 Wie groß sind die Flächen? Zeichne **Zentimeterquadrate** ein.

A 15 Zentimeterquadrate, B 16 Zentimeterquadrate, C 12 Zentimeterquadrate, D 10 Zentimeterquadrate, E 14 Zentimeterquadrate, F 9 Zentimeterquadrate

Die kleinste Fläche hat 9 Zentimeterquadrate.
Die größte Fläche hat 16 Zentimeterquadrate.

2 Der Käfer umläuft die Fläche. Zeichne den **Umfang** grün nach.

A 18 cm, B 15 cm, C 16 cm, D 20 cm, E 14 cm, F 15 cm

Welche Figur hat den größten Umfang? D
Welche Figur hat den kleinsten Umfang? E

Mit Geodreieck zeichnen

72 Vergrößern und Verkleinern

1 Zeichne die Figuren vergrößert. Jede Linie doppelt so lang.

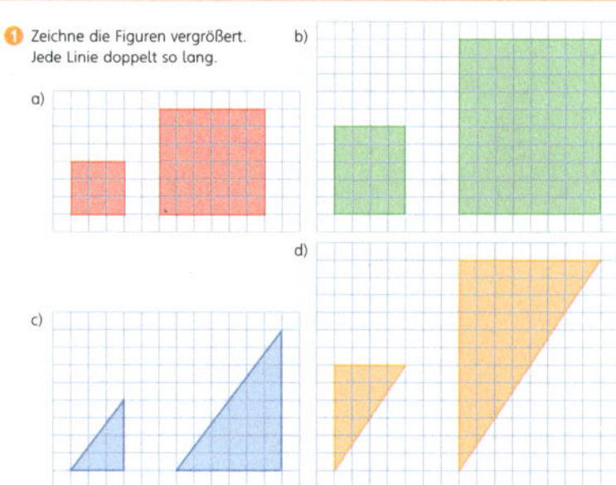

2 Zeichne die Figuren verkleinert. Jede Linie halb so lang.

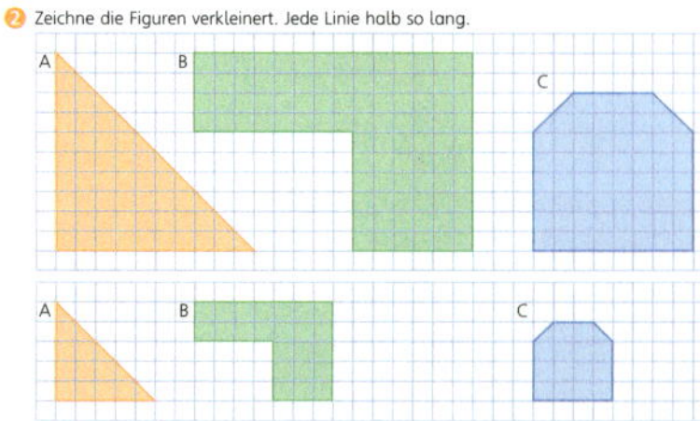

Evtl. feststellen, dass die kleine Figur in die große Figur jeweils viermal hineinpasst.